CÓMO HACER AUTOTERAPIA PRECISA PARA CAMBIAR RÁPIDAMENTE CUALQUIER COSA EN TU VIDA

Introducción al Sistema de Transformación de Vida la Psicánica

Mycal Powell

CÓMO HACER AUTOTERAPIA PRECISA PARA CAMBIAR RÁPIDAMENTE ALGO EN TU VIDA

Introducción al Sistema de Transformación de Vida la Psicánica

Publicado por **Essentiality Press**, una división del **Psycanics Science Institute**, Inc. 501c3,

Los Ángeles, California, Estados Unidos.

Xalapa, Veracruz, México

Temas y palabras clave

Emociones

Felicidad

Autoayuda

Terapia

Auto terapia

Desarrollo Personal Crecimiento Personal Transformación

Psicología Psicoterapia

Reconocimientos y Gratitud:

Issis León, mi compañera espiritual, consejera y
piloto personal de TTS de muchos años.

Alline Powell, directora ejecutiva de THEO:
The Enlightenment Organization, y maestra en psicánica y
pilotaje por derecho propio.

A muchos de mis estudiantes iluminados que
me han enseñado tanto como yo a ellos.

Valor

El conocimiento de este libro es el resultado de 40 años de investigación de la naturaleza última de la existencia a un costo de más de $6,000,000 USD. Se lo estamos compartiendo por el precio del libro.

Responsabilidad

La forma en que utilice este conocimiento y sus resultados son puramente de su responsabilidad. No existe ningún peligro conocido excepto que, muy raramente, una persona puede activar una carga emocional tal que necesite ayuda de pilotaje para descrear. El Instituto de Ciencia Psicánica siempre está aquí para ayudar. Contactanos para recibir la guía de un piloto profesional. En 40 años nunca hemos encontrado una experiencia humana que no podamos aliviar si la persona sigue las instrucciones.

TABLA DE CONTENIDO

1. La Promesa de este Libro

Introducción a
**El Sistema de Transformación de Vida de la Psicánica y
su Tecnología de Transformación del Ser**

**Cómo hacer autoterapia precisa
para cambiar rápidamente cualquier cosa en tu vida.**

**Cómo lograr la felicidad y paz
de manera consistente.**

Este libro es para aquellos que quieren saber con precisión, científicamente, cómo funciona realmente su vida para que puedan tomar el control de la suya y crear la vida que quieren.

El propósito y la promesa de este libro:

El propósito de este libro es mostrarte cómo controlar tu vida, eliminar todos los negativos y manifestar en cada una de las 6 Arenas de tu vida las cosas positivas que deseas experimentar. El objetivo es alcanzar la Verdadera Felicidad que es vivir en resultados y emociones positivas (satisfacción, entusiasmo, amor, alegría, etc.) todo el tiempo, pase lo que pase. Esto toma alrededor de 400 horas de trabajo en tu Ser, que la mayoría de los estudiantes logran en aproximadamente 2 años. Así es como funciona:

La vida consta de 6 Arenas de experiencia, que forman la

Secuencia Causal de las Seis Arenas en las que ocurre la vida:

SER ➔ SENTIR ➔ PENSAR ➔ RELAR & HACER ➔ TENER

Estos son equivalentes a:

Identidades➔Emociones➔Mente➔Comportamiento & Acciones➔ Resultados

Es una Secuencia Causal: cada elemento a la izquierda determina
los elementos de la derecha.

El ÚNICO elemento inicial y completamente causal de todas las 6 Arenas
es tu SER.

Tú, el SER, eres lo único vivo, lo único con poder de decisión,
actúa, crea y manifiesta en tu vida
(que consta de muchas secuencias causales).
Todas las demás Arenas son resultados, productos, de tu SER.

La vida es simple:

➢ Los estados positivos de SER producen naturalmente resultados
positivos y satisfacción (felicidad) en todas las otras 5 Arenas de la
vida.
➢ Los estados negativos del SER no pueden sino producir resultados
negativos y dolor en todas las demás Arenas de la vida.

Controla tu SER descreando tus identidades negativas y creando otras
positivas y podrás controlar con un mínimo esfuerzo adicional el resto de
tu vida.

Este libro explica qué son el SER y las Identidades y cómo crearlos y
descrearlos.

Así como un timón de dirección de solo 3 pies cuadrados puede controlar
un avión 747 de 1 millón de libras, tú también puedes controlar tu vida con
un pequeño esfuerzo enfocado en tu punto exacto y verdadero de poder:
tu SER.

La revolución cuántica en psicología que es Psicánica

Este libro presenta una revolución en la comprensión de la psicología y el comportamiento humano. No es un avance o evolución de la psicología actual; es un paradigma totalmente nuevo, un salto cuántico a un nuevo nivel de conocimiento, como los cambios de la vieja creencia de que la Tierra es plana a saber que es una esfera, y del sol girando alrededor de la Tierra a saber que la Tierra gira alrededor del Sol. **La Psicánica está tan avanzada más allá de la psicología actual como la física cuántica está más allá de la mecánica newtoniana.**

De la teoría surge la Tecnología de Transformación del Ser de Psicánica (TTS). Es un sistema de cambio personal, de "psicoterapia". Es preciso, poderoso, rápido, seguro, universal y más fácil de aprender y aplicar que todas las psicoterapias actuales. La TTS (Tecnología de Transformación del Ser) no solo sirve para remediar cualquier aberración particular que desees, sino también para descargar todas las emociones negativas (ira, miedo, tristeza, culpa, odio, depresión, etc.) y para transformar toda tu vida a solamente experiencias y conductas positivas.

Aclaremos el título de este libro: **Cómo Hacer Autoterapia Precisa para Cambiar Rápidamente Cualquier Cosa en tu Vida.**

Por "autoterapia", queremos decir que aprenderás:

1. Cómo encontrar dentro de ti mismo, en tu mente o subconsciente, la VERDADERA CAUSA subyacente de cualquier sentimiento o comportamiento negativo que desees cambiar.
2. Cómo eliminar ese elemento causal de tu ser; cómo "des-crearlo". (Descrear algo es hacer que ya no exista.)
3. Cómo crear cualquier experiencia o comportamiento positivo que desees.
4. Si continúas practicando la tecnología de autoterapia de este libro, puedes descargar TODAS tus emociones y comportamientos negativos.

Nuestro objetivo es que aprendas a hacer el procedimiento por ti mismo; que no necesites a otra persona (un terapeuta). Entonces podrás repetirlo en todas tus emociones negativas. Solo se necesitan una o dos horas para eliminar cualquier combinación particular de desencadenante-emociónnegativa. Se necesitan alrededor de 400 horas de trabajo en ti mismo para eliminar todas tus emociones y comportamientos negativos. La mayoría de las personas logran eso en aproximadamente dos años. Este estado de cero emociones negativas es esencial para la Verdadera Felicidad como explicamos a continuación.

Por "cualquier cosa"

Todas tus experiencias negativas y comportamientos negativos ocurren en una de las Seis Arenas de la Vida: **SER, SENTIR, PENSAR, RELACIONAR & HACER, TENER.** La TTS funciona para cambiar cualquier cosa en cualquiera de las Arenas, que presentamos aquí:

TENER: Serás capaz de transformar situaciones personales negativas como relaciones, trabajo o negocios, y estado financiero, y aliviar cualquier problema de salud causado por emociones reprimidas. Podrás transformar tus relaciones en armonía, amor y cooperación. Sabrás cómo manifestar el dinero y las experiencias (como viajes y vacaciones) que deseas.

HACER: Podrás descrear tus conductas negativas como compulsiones, obsesiones, adicciones a cualquier sustancia o actividad (ej.: tabaco, alcohol, drogas, apuestas, sexo/pornografía). También podrás descrear la irresponsabilidad, la pereza y las aversiones hacia los demás. Podrás descrear todos los miedos y fobias a la acción: por ejemplo: miedo a volar, bloqueo de escritor, cambiar de trabajo, emprender, timidez, miedo a hablar en público, casarse/divorciarse, etc.

RELACIONAR: Sabrás eliminar las causas de raíz de los problemas y conflictos en tus relaciones.

PENSAR: Sabrás borrar toda energía negativa de tu mente. Podrás descrear recuerdos dolorosos, incidentes traumáticos incluyendo TEPT (Trastorno por estrés postraumático), y todos los efectos psicológicos de abandono, violencia, abuso, violación, etc., ya sea reciente o en tu infancia. Eliminarás la compulsión de invalidar, juzgar y criticar a los demás; y la compulsión de controlarlos o manipularlos. (Estas son una de las principales causas de problemas y conflictos en las relaciones).

SENTIR: Podrás descrear permanentemente TODAS tus emociones negativas: ira, miedo, culpa, pena, resentimiento, odio, angustia, depresión, etc.

SER: Y lo más importante de todo: comprenderás lo que eres, lo que es tu ser y sabrás recrearlo en tu más alto ideal de quién quieres SER. Tu SER es el factor más poderoso para moldear tu experiencia y tu vida. La mayor parte es subconsciente. Aprenderás a encontrar los elementos de tu SER que están causando tus resultados negativos en la vida, los descrearás y luego te recrearás a ti mismo en tu ideal más alto de quién quieres ser.

Aberraciones

Una aberración es cualquier desviación en tu vida, en tu experiencia, de lo que deseas. Las emociones negativas, los comportamientos, los pensamientos, relaciones con problemas y conflictos son aberraciones de lo que (suponemos) deseas en tu experiencia de vida: resultados y felicidad. Aquí hay una lista parcial de todas las aberraciones que la psicánica puede eliminar.

Lista parcial de aberraciones que la Psicánica elimina:

Emociones: Podrás eliminar de forma permanente todas las emociones negativas: ira, ansiedad, miedo, culpa, resentimiento, odio, pena, angustia, soledad, incluyendo todas

- Fobias (alturas/volar, agua, serpientes, morir, ratas, lo que sea).
- Depresión (sané mi propia depresión suicida en 2001), y
- Estrés y crisis existenciales (sobre cosas como el divorcio, la pérdida del trabajo, cáncer, muerte de un ser querido, miedo a la muerte, etc.)
- **TEPT** (Trastorno por estrés postraumático).

Identidad: Puedes eliminar todas las experiencias de **identidad negativa, autoimagen y autoestima**. Ejemplos: soy menos inteligente que los demás; no puedo hacerlo; Soy incapaz; Soy un fracaso; No soy lo suficientemente buena; soy menos que los demás; soy indigno; no merezco; Soy malo; etc. Una de las principales razones por las que no puedes producir lo que quieres en la vida es la Ley del Poder que dice: **No puedes manifestar cualquier cosa en tu universo físico que contradiga Quién Eres (la suma de tus identidades).**

Autoimagen y autoestima: muchos problemas de comportamiento se derivan de una autoimagen negativa y la autoestima negativa que resulta. La Tecnología de Transformación del Ser (TTS) guía al explorador hacia los estados negativos del SER que producen una autoestima negativa para que pueda descrearlos y recrearse en identidades positivas.

Definición: Explorador: una persona que está explorando su universo psicánico y haciendo cambios descreando realidades negativas y creando otras positivas utilizando la Tecnología de Transformación del Ser (explicada en este libro).

Definición: Piloto: persona altamente entrenada en psicánica y Tecnología de Transformación del Ser, capaz de guiar a otros en sus exploraciones, creaciones y descreaciones.

Nota: Las identidades y las realidades mentales no se pueden cambiar simplemente "cambiando de opinión". Tampoco puedes taparlos con realidades positivas (como afirmaciones). La Ley es: *No puedes crear positivo sobre lo negativo ya presente en tu SER.* Todas las experiencias y comportamientos negativos son causados por realidades, por masas de energía en tu subconsciente. Estos deben ser **descreados**. Pasada la realidad negativa, lo positivo se manifiesta con solo un mínimo energización

Mente: Puedes eliminar todos los pensamientos negativos y creencias limitantes. Ejemplos de creencias limitantes: "El dinero es escaso". "Hay que trabajar duro para tener dinero". "Solo los corruptos/malos tienen dinero" al que le sigue inconscientemente "Como no quiero ser malo, no tendré dinero". Todos los hombres son _____. ""Todas las mujeres son _____. "La vida es dura." "La gente quiere atraparme"; etc.

Comportamientos: Eliminar o cambiar cualquier comportamiento negativo:

- Pereza, irresponsabilidad, impuntualidad.
- Bloqueos para tomar acción (por ejemplo: bloqueo de escritor, para dejar un trabajo, para iniciar un negocio, divorciarse, pánico escénico, ansiedad de desempeño,
- Anorexia nerviosa (bloqueo para comer), timidez, etc.).
- **Adicciones** a sustancias: (por ejemplo, alcohol, tabaco, medicamentos recetados, drogas, etc.) Las estructuras de energía negativa en el caparazón humano que producen las adicciones son las mismas para todas las adicciones.

- Todas las **compulsiones** a actividades negativas (por ejemplo, juegos de azar, pornografía, sexo, terapia de compras, comer en exceso, redes sociales, juego de video y computadora, etc)
- Todos los **apegos** (una persona tiene un apego si la pérdida de cualquier persona o cosa le produciría Infelicidad).

Incidentes Traumaticos:

Podrás borrar todo el trauma de los eventos, tanto del pasado (a menudo la infancia) como del presente. Ejemplos de incidentes traumáticos incluyen violencia, violación, abandono, abuso, muerte de un ser querido, accidentes, enfermedades graves (por ejemplo, cáncer), divorcio, etc.

> Nota: La TTS elimina las cargas emocionales y las compulsiones de comportamiento, convirtiendo un incidente traumático en un simple recuerdo práctico. No borra la memoria del evento.

TEPT (Trastorno por estrés postraumático): La Psicánica cura el TEPT rápidamente, en unas pocas horas de procesar con TTS.

Relaciones: la TTS identifica las causas fundamentales de casi todos los problemas y conflictos en las relaciones. Una vez que la persona los ha descreado, sus relaciones se transforman en armonía, amor y cooperación. Solo una de las partes necesita descrear sus energías negativas de relación; cuando una persona cambia, la otra cambia naturalmente.

El cuerpo y la salud física: Muchos problemas de salud son causados por energía negativa, generalmente emociones como la ira, el resentimiento, el odio, el miedo, la culpa, el dolor, etc., reprimidas en el cuerpo. Psicánica te guiará para encontrar y descargar esa energía y crear sanación y salud en esa área. Esto suele producir una mejoría en la zona y en ocasiones cura el problema por completo.

Por "Precisa"

Queremos decir que el procedimiento para identificar y eliminar las causas de la energía negativa en tu vida e instalar los resultados positivos deseados es exacto; es quirúrgico; es como un láser. Es "Paso 1, Paso 2, Paso 3, etc.". No hay nada borroso, incierto, o de prueba y error en la Tecnología de Transformación del Ser de Psicánica o sus resultados de transformar tu SER y tu vida. Este libro te brinda leyes y fórmulas exactas, y un esquema, de cómo funciona realmente tu vida. La ciencia detrás de este libro, psicánica, es un salto cuántico en psicología y psicoterapia.

Por "Rápidamente"

Queremos decir que podrás cambiar algunas cosas en tan solo una hora de la aplicación de la tecnología en este libro. La mayoría de las experiencias y comportamientos las podrás transformar en 2 a 5 horas. Incluso los traumas y el TEPT (Trastorno por estrés postraumático) solo toman unas pocas horas. Unas 400 horas (que puedes hacer a lo largo de unos años) son suficientes para eliminar de forma permanente todas tus emociones y comportamientos negativos para que vivas en serenidad, paz y alegría todo el tiempo.

Felicidad

La verdadera felicidad es vivir en un **estado de emociones positivas casi todo el tiempo**. Una persona que es verdaderamente feliz reside en la mitad superior del espectro de polaridad **Felicidad<>Infelicidad** (ilustrado a continuación). Rara vez desciende a la mitad inferior del Espectro, las emociones negativas. Si lo hace, sabe cómo descrear rápida y permanentemente esa emoción negativa.

Si vives con activaciones frecuentes de tus emociones negativas (ira, ansiedad, miedo, culpa, tristeza, soledad, odio, depresión, etc.), no calificas como feliz. No eres feliz en un "estado estable"; estás alternando entre dolor emocional (infelicidad) y emociones positivas (felicidad). Esa no es la Verdadera Felicidad.

Aquí hay una analogía para entender esto: si un día estás sano pero al siguiente estás enfermo; pero luego saludable de nuevo; pero luego en el hospital y luego fuera y luego dentro otra vez; y así vives alternando entre sano y enfermo, día a día o incluso hora a hora; **no eres saludable**. Para calificar como "sano", debe estar libre de enfermedades durante largos períodos, mejor aún, siempre.

De la misma manera, si estás rebotando entre emociones positivas y negativas en tu vida; no calificas como feliz. Si estás contento en un momento, luego enojado, luego emocionado, luego ansioso, luego entusiasmado, pero luego sientes culpa, tristeza o depresión, no estás viviendo la Verdadera Felicidad. Estás en la montaña rusa emocional, alternando arriba y abajo, entre emociones positivas y negativas, entre sentirse bien y dolor emocional. Estás jugando baloncesto emocional, rebotando arriba y abajo, "vibrando" entre momentos fugaces de placer y de dolor. Tus momentos positivos pronto se ven empañados, dañados, destruidos por tus emociones negativas. Esa es una vida de demasiada Sufrimiento, Infelicidad y Dolor (SID)* para ser considerada feliz.

Ilustración: El espectro de polaridad Felicidad<>SID. La felicidad es vivir en emociones positivas todo el tiempo, pase lo que pase. Calificas como Feliz cuando vives completamente en la mitad superior del Espectro, libre de todas las emociones negativas de la mitad inferior. La felicidad es muy rara entre los humanos ordinarios por razones que veremos en este libro.

ESPECTRO DE POLARIDAD FELICIDAD<>SID.

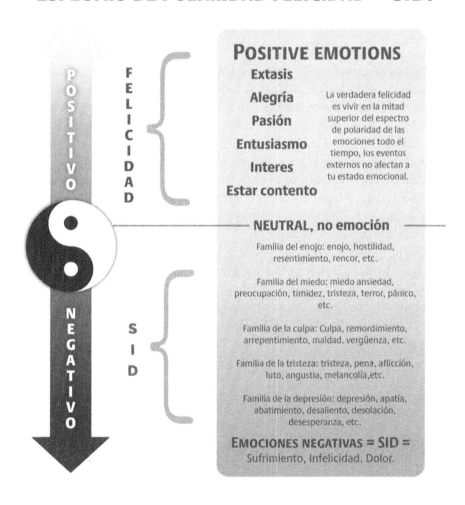

*Definición: SID: Abreviatura de Sufrimiento, Infelicidad y Dolor, refiriéndose siempre a tu experiencia psicánica (mental y emocional) a menos que se especifique dolor o sufrimiento "físico"). Tus propias emociones negativas son el único SID que conoces.

Por lo tanto, el primer y esencial paso hacia tu Felicidad es aprender a sanar tus emociones negativas. Este libro te muestra cómo hacerlo. Este libro no se trata solo de cómo eliminar cualquier experiencia o comportamiento negativo en particular, sino de cómo sanar cualquiera que desees, eventualmente la mayoría.

Dos ilustraciones en la página siguiente: Redujimos el espectro de la Felicidad<>Infelicidad de página completa a la mitad del tamaño y colocamos dos gráficos contrastantes: arriba y abajo.

Arriba: NO FELICIDAD: El ser humano común vive rebotando entre experiencias positivas y negativas (en la mente y las emociones), y con muchos comportamientos negativos (por ejemplo, adicciones, neurosis, problemas de pareja, etc.). Está frecuentemente activado en emociones negativas = dolor e infelicidad emocional. Vive con resultados mediocres y su vida está llena de Drama (TT).

Abajo: VERDADERA FELICIDAD: La persona sabia, poderosa y Verdaderamente Feliz ha descreado *permanentemente* todas sus emociones y conductas negativas. Entonces vive en emociones y comportamientos positivos la gran mayoría del tiempo, y fácilmente produce los resultados deseados en sus relaciones y manifiesta lo que quiere en el universo físico.

El ser humano ordinario vive rebotando entre emociones positivas y negativas.
Tiene muchos comportamiento negativos. Su vida esta llena de dolor;
no califica como Feliz.

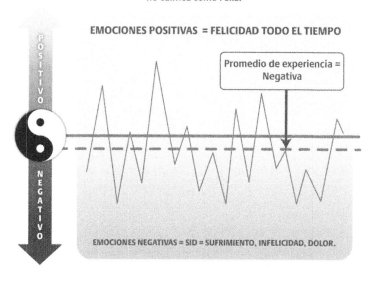

EMOCIONES POSITIVAS = FELICIDAD TODO EL TIEMPO

Promedio de experiencia =
Negativa

EMOCIONES NEGATIVAS = SID = SUFRIMIENTO, INFELICIDAD, DOLOR.

Una persona verdaderamente feliz ha eliminado todas las emociones y
comportamientos negativos, y vive en emociones positivas todo el tiempo,
no importa que le pase.

EMOCIONES POSITIVAS = FELICIDAD TODO EL TIEMPO

Eventual promedio de
experiencia= Negativa

Periodo de trabajo en su interior
para eliminar permanentemente
todas las emociones y
comportamientos negativos.
400 horas estimadas de TTS.

EMOCIONES NEGATIVAS = SID = SUFRIMIENTO, INFELICIDAD, DOLOR.

2. La Fuente de Este Conocimiento
Esencialidad y Psicánica

Estás entrando en el estudio de una nueva y revolucionaria ciencia del SER y la vida llamada psicánica, que en sí misma es un goteo de un cuerpo aún más avanzado de conocimiento: Esencialidad. Juntos, estas dos explican, con leyes y fórmulas concisas, quién eres, qué estás haciendo en la Tierra y cómo funcionan realmente tu vida y tu felicidad. Estas nuevas ciencias están a la vanguardia del conocimiento humano, más allá de toda la psicología y la filosofía en el planeta hasta ahora, y de hecho combinarlos y la espiritualidad en un sistema de conocimiento.

Esencia

La fuente más alta del conocimiento en este libro es un sistema de espiritualidad llamado Esencialidad. La esencialidad es un modelo científico de la naturaleza de la Esencia. Todo lo que existe es Un Ser Infinito, al que llamaremos Esencia porque Ella es la Esencia de todo lo que es. Ella es lo único que verdaderamente existe; La creación es una ilusión. Ella crea todo en la Creación a partir de Sí Misma, de Su divina Esencia de Energía. Ella es tanto el Creador como la Creación. Ella tiene 13 Características Primordiales: Uno/Unidad, Infinito, Luz, Conciencia, Sabiduría, Voluntad (Poder), Perfección, Belleza, Magnificencia, Amor, Paz, Alegría y Verdad.

¿Cómo sabemos todo esto? Nosotros, los editores de este libro, somos místicos y hemos alcanzado el nivel de conciencia conocido en el budismo como enlightenment. Nosotros somos SERES enlightened. Esto significa que hemos trascendido la ilusión de ser un ser humano y recuperado la experiencia de momento-a-momento de nosotros mismos como SERES espirituales inmortales que visitan la Tierra para disfrutar de la Película de Aventura Humana.

No hay nada especial en nosotros; cualquier persona dispuesta a hacer el esfuerzo puede hacer todo lo que hemos hecho. Todos somos SERES iguales, hijos de la Esencia. Esencia está a tu alrededor todo el tiempo; Ella está dentro de ti; todo toma la forma de esencia. La gran pregunta es: ¿Por qué no la percibes? En nuestros materiales avanzados, Esencialidad, respondemos a esa pregunta y enseñamos a aquellos que desean saber cómo hacerlo. En nuestros materiales básicos, Psicánica, a la cual este libro es una introducción, te enseñamos cómo transformar tu vida humana.

Ten claro que nada de lo que decimos tiene que ver con la religión. No hay dogma, creencia o fe involucrada. Podrás entender todo lo que decimos. y podrás comprobarlo todo en tu propia experiencia.

Tú, Psican

Eres un espíritu, una individualización del único SER Infinito, de Esencia. Eres una entidad no física de energía vital de voluntad consciente, llamada psican. Tú-psican eres un ser espiritual que visita la Tierra y finge ser humano para vivir su Película de aventuras humanas personal. Tu naturaleza divina y original es la Esencia, son las 13 Características, que debes bloquear para jugar el Juego Humano.

La importancia de esto es que, para que tomes el poder sobre tu ser y tu vida, es de gran ayuda entender quién y qué eres. Como un "hijo de Esencia" eres un creador; eres el creador de toda tu experiencia y tu vida. Actualmente estás creando inconscientemente y muchas cosas negativas. Vamos a mostrarte cómo lo estás haciendo y cómo cambiar para crear conscientemente las cosas positivas que quieres.

La Creación

La Creación consiste en una infinidad de dimensiones y universos (La "C" mayúscula se usa cuando se refiere a toda la Creación). El propósito de la Creación es la EXPERIENCIA, todo tipo de experiencia posible sin excepción ni limitación. Esencia expresa y manifiesta Su Ser como la Creación para explorar y experimentar en todas Sus infinitas posibilidades de SER, HACER, TENER.

Salas de cine

Cada mundo en cada universo es como una sala de cine. Nosotros-espíritus (psicans) encarnamos en un mundo para vivir su película. Actualmente estás encarnado en la tierra para vivir tu Película Humana, que trata principalmente sobre la exploración del Drama (TT). Para vivir tu Película Humana, debes bloquear Quién Eres Realmente (hijo espiritual de Esencia) y sumergirte completamente, perderte, en tu papel humano. Haces lo mismo cuando, como ser humano, vas a tu cine local para ver una película. Olvidas quién eres, te identificas con el héroe, te pierdes en la trama, todo para saborear el drama de la película. Sólo olvidando quién realmente eres fuera del cine puedes perderte en la ilusión de la película y disfrutarla al máximo. Esto es exactamente lo que tú-psican están haciendo aquí en Tierra: protagonizando tu Película Humana.

Matrix

Matrix es una famosa película de 1999 sobre cómo nuestro mundo es una ilusión creada por las "máquinas malvadas" para absorber la energía humana para sus propósitos. En la película, los humanos vivimos dentro de la Matrix (este mundo) totalmente ajenos a su verdadera naturaleza y función. Algunos humanos se despiertan tomando la píldora roja y se dan cuenta de lo que está pasando y comienzan a luchar contra las máquinas.

¡Esta es la verdad! Nuestro mundo es literalmente una Matrix. Es una ilusión perfectamente real, un teatro, donde nosotros-psicans (encarnaciones espirituales de Esencia) venimos a jugar, a experimentar. Hay una infinidad de Matrices (mundos) en la Creación; la nuestra es la Aventura Humana. La gran diferencia es que en nuestra Matrix real del Mundo Humano, no están las "máquinas del mal" afuera sino Esencia, la Creadora del Amor-Felicidad Infinita. Eres una chispa de Dios jugando en la Creación.

ESTÁS EN LA MATRIX.
Estás **dormido** en la Matrix viviendo tu Sueño de ser humano.
Estarás aquí por tantas encarnaciones/vidas como quieras y
hasta que DESPIERTES a Quién Eres Realmente y te reconectes con Esencia.

Aunque este libro trata sobre cómo lograr la verdadera felicidad,
la misma tecnología comienza el Despertar.

Encarnaciones Humanas

Un ciclo completo de exploración de la Experiencia Humana comprende cientos de encarnaciones. Exploras tantas posibilidades de la Experiencia Humana como sea posible: hombre<> mujer<>homosexual, rico<> pobre, guerrero<>sacerdote, monja<> prostituta, éxito<> fracaso, sano<> enfermo, famoso<> nadie, negro<> blanco<>todos los colores, tirano<> oprimido, morir joven<> morir viejo, etc. Me doy cuenta de que mucha gente cree que no existe tal cosa como la reencarnación. Sin embargo, he procesado cientos de vidas pasadas, las mías y las de mis alumnos. Si me das una habitación llena de gente, puedo poner a muchos en contacto con una vida pasada en 10 minutos usando la Tecnología de

Transformación del Ser (TTS) presentada en este libro. Si aplicas la tecnología de este libro, eventualmente encontrarás tus propias vidas pasadas. Sólo son importantes donde contienen cargas de energía que lo están afectando en esta vida y, por lo tanto, deben limpiarse con TTS.

¿Cómo sé todo esto? Yo y docenas de personas en la Escuela de Esencialidad hemos despertado y alcanzado el enlightenment. Vivimos en estas realidades y las experimentamos todo el tiempo.

Despertar y Enlightenment

El conocimiento es poder: este libro tiene conocimientos con los que puedes cambiar cualquier cosa en tu vida o transformarla por completo. Puedes:

1. Cambiar una experiencia negativa particular, un comportamiento o un problema de relación en tu vida (Nivel #1). Y eso está bien: este libro hará eso. Pero es como usar cañones navales de 16 pulgadas para hundir un bote de remos. Este libro es mucho más poderoso que simplemente cambiar algo en tu vida; es el portal a niveles más altos de desarrollo personal y espiritual incluido.
2. Sanar tus emociones y comportamientos negativos y crear una vida de Verdadera Felicidad, de sabiduría, poder, amor y abundancia.
3. Comenzar tu Despertar espiritual dentro de la Matrix y podrás alcanzar el enlightenment. Entonces vivir como un espíritu (psican) libre de tu ilusión de identidad humana y de todo Drama e Infelicidad, y manifestar conscientemente lo que deseas experimentar.
4. Ir más allá del enlightenment, es tu Iluminación espiritual completa, el estado de Buda y Jesús, en el que trasciendes toda ilusión de individualidad y separación del Uno y regresas a SER el Uno, Dios, nuevamente.

Hasta dónde llegues depende de ti.

Cuando tú-espíritu-psican te cansas del Juego Humano, puedes despertar y recuperar tu conciencia de Quién Eres Realmente, un psican formado de Esencia y conectado con el Uno (como todos somos). Este despertar es la enseñanza central de todas las religiones. La Esencialidad es una ciencia -no una religión- de cómo despertar y así alcanzar el enlightenment espiritual. Yo soy un ser; me he despertado del Sueño Humano y ahora vivo, no como un ser humano, sino como un espíritu inmortal, un psican, visitando la Tierra y operando un cuerpo humano. He viajado cientos de veces fuera del universo físico (UF) visitando tanto las dimensiones internas de mi propio SER como otras dimensiones de la Creación, incluida la comunión con Esencia. Así es como puedo escribir todo lo que hay en este libro: estoy transmitiendo sus enseñanzas. Tampoco soy una casualidad; todos los estudiantes avanzados de la Escuela de Esencialidad son enlightened y tienen experiencias similares; y estamos aquí para ayudar a otros a lograr todo esto por sí mismos. Ninguno de nosotros es un caso especial: lo que hemos hecho es posible para todos. Todos somos espíritus iguales, individualizaciones de Esencia.

Todo lo anterior es comprobable en la experiencia personal de cualquiera que esté dispuesto a seguir instrucciones y hacer el esfuerzo. No se requiere creencia o fe. Los estudiantes comienzan a ser capaces de experimentar Esencia ellos mismos en su tercer o cuarto año de estudio en la Escuela de Esencialidad.

Espiritualidad versus Religión. No confundas estas dos palabras.

> ➢ La espiritualidad se refiere a la naturaleza del espíritu, de entidades no físicas de energía vital, como tu Ser. Eres un espíritu inmortal, una individualización del Único Gran Espíritu, Creador y Esencia de todo lo que es. Tu espiritualidad es una cuestión de tu experiencia de Quién Eres Realmente y tus acciones que expresan eso, especialmente cómo tratas a los demás: con energía positiva o energía negativa, con amor o anti-amor. Tu espiritualidad es también tu grado de experiencia y expresión del Gran Espíritu Único, Esencia. Jesús y Buda son famosos por alcanzar un alto nivel de experiencia y expresión de Esencia.
> ➢ Una religión es una colección de dogmas y doctrinas de marca sobre dios o dioses. Una religión es una sustitución mental de creencias y fe por experiencia personal. Si hubiera alguna experiencia real, algún conocimiento verdadero, en una religión; no habría necesidad de creencia y fe.
> No hay nada religioso en este libro: no hay dogmas y psicánica nunca pide creencias o fe. Este libro es altamente espiritual, porque TÚ eres una entidad espiritual inmortal de voluntad consciente que encarna en la Tierra para protagonizar tus Películas de Aventuras Humanas. También presenta al Gran Espíritu Infinito, Creador y Esencia de todas las cosas y de quien vienes. No puedes comprender verdaderamente la naturaleza humana y tu propio SER sin comprender tu espiritualidad y tu verdadera Esencia.

Nada en Psicánica o Esencialidad es "religioso", no involucran ninguna creencia, porque puedes verificar todo lo que decimos en tu propia experiencia. Se necesitan alrededor de 4 años de 1 hora de TTS por día para poder percibir y comunicarse con Esencia. Esto es mucho menos tiempo y esfuerzo del que te llevaría verificar los fenómenos avanzados de la ciencia física, como los agujeros negros, los cuásares, quarks o el bosón de Higgs.

Psicánica

De la Esencialidad viene la Psicánica. Es la ciencia de tus energías no físicas, de tu experiencia transfísica. Tus energías-experiencias transfísicas incluyen todas tus emociones, positivas y negativas; todos tus pensamientos y actividades mentales; tus identidades y tu propia imagen, tus comunicaciones y energías de relación, amor y tu felicidad o sufrimiento en la vida.

Todas tus experiencias no físicas (mente, emociones, identidades, etc.) son energías que tú-psican puedes percibir, pero no son físicas. No provienen del universo físico; no las percibes a través de tu cuerpo, sino directamente en tu conciencia, en tu SER que es voluntad-consciente. Llamamos a todas estas energías psicánicas, tu experiencia psicánica (para distinguirlas de tus experiencias físicas). Tus energías psicánicas provocan tu vida interior, privada.

En resumen:

> ➢ **Esencialidad** trata de la naturaleza de Esencia (el Creador, Dios), tu verdadera naturaleza espiritual como una individualización de Esencia, como un psican; y con tu percepción, relación y comunicación con Esencia, es decir, Dios.
> ➢ **Psicánica** se trata de tu creación y control de tu vida humana. Presenta las leyes de tu experiencia interna (identidades, emociones, pensamientos), tus relaciones, amor, felicidad; y tu habilidad para manifestar lo que quieres en tu universo físico externo.

Este es el avance en psicología que propone la Psicánica: todo en tu mundo interno, psicánico funciona igual que todo en tu mundo físico externo: **de acuerdo con leyes y principios exactos.**

Las leyes que determinan:

✓ qué sientes,

✓ qué piensas,

✓ cómo te comportas,

✓ la calidad y armonía de tus relaciones,

✓ tu capacidad de manifestar en el UF (UF = universo físico) lo que quieres (éxito y abundancia, etc.)

✓ y por lo tanto, tu felicidad o infelicidad. . .

. . . son tan precisas y poderosas como las leyes que explican lo que mantienen a los planetas en sus órbitas.

Todo en tu mente y emociones y comportamientos es "legal"; todo funciona de acuerdo a las leyes de la energía psicánica. Estas leyes son similares a, pero no exactamente lo mismo que, las leyes de la energía física. No hay nada aleatorio o accidental en tu mundo psicánico interno y todo está bajo tu control cuando entiendes las leyes y principios de la energía Psicánica.

Donde tu vida es caótica, es porque no entiendes cómo funciona y así creas el caos.

Aprenderás algunas de estas leyes en este libro: te darán poder y control sobre tu universo psicánico interior, tal como las leyes de la física le han dado a la humanidad el control sobre el universo físico. Podrás transformar tu mundo interior de jungla a jardín.

La psicánica es 10 veces más precisa y rápida que todas las psicologías actuales para producir cambios y desarrollo personal. Además, cada persona puede aprender a aplicarlo en sí misma y así poder cambiar todo lo que quiera en su vida, recrear y transformar su vida como la quiere. Pocas personas tienen el tiempo o el dinero para acudir a un terapeuta cada vez que quieren eliminar una emoción o comportamiento negativo.

De Jungla a Jardín

El ser humano común vive en una jungla psicánica. Una jungla está llena de plantas silvestres, telarañas, espinas, etc. tan espesa que es difícil atravesarla. De la misma manera, la experiencia interna del ser humano común es una jungla llena de emociones negativas (ira, ansiedad, miedo, culpa, tristeza, aversiones, odio, depresión, etc.), pensamientos negativos, autoestima negativa y frustraciones en las relaciones. Todas estas energías se activan y saltan en su experiencia como palomitas de maíz en una olla caliente.

Lo que la Psicánica te permite hacer es eliminar todas tus energías negativas y luego plantar las positivas que quieres experimentar. Es como desmalezar una jungla densa y oscura y luego plantar árboles frutales y flores para crear un jardín. Tu vida interior se despliega entonces como el Jardín del Edén en lugar de una jungla.

3. Magia

**Cualquier tecnología suficientemente avanzada
es indistinguible de la magia.**
Arturo C. Clarke

Imagínate retroceder en el tiempo y mostrar un televisor, un teléfono celular o un avión a la gente hace 1000 años. ¿Qué pensarían al ver las figuras danzantes de una película en la pantalla de un televisor? ¿Qué pensarían si te vieran hablar con alguien en la pantalla de tu computadora (por ejemplo, Skype o Zoom) o en tu teléfono celular y escucharlos responder? ¿Qué sentirían al ver despegar un avión? ¿Qué sentirían si estuvieran en un avión despegando? ¿Qué pensarían al ver una operación médica?

Al no tener idea de la ciencia y la tecnología modernas, solo podían admirar la magia, la hechicería, el milagro. Nuestras máquinas de hoy son complejas y poderosas más allá de su imaginación, más allá de sus poderes de comprensión. Para los que no saben, la ciencia y la tecnología son magia.

No una evolución, sino un Salto Cuántico

Un salto cuántico en física es un cambio instantáneo de un estado a otro sin progresión intermedia, movimiento. Durante decenas de miles de años, el "conocimiento" de la humanidad sobre cómo funciona la existencia fueron supersticiones y mitos. (Estos son un tributo al poder de la mente humana para crear realidades, para alucinar explicaciones.) La ciencia moderna comenzó con el Renacimiento alrededor de 1300 y despegó con la física newtoniana (clásica) y el cálculo en 1600. Física moderna (incluye relatividad, cuántica mecánica y astrofísica) comenzó alrededor de 1900. Tú disfrutas de los frutos de la física cuántica todos los días: tu celular depende de ello. Usas la relatividad frecuentemente: El GPS debe tenerlo en cuenta para darte tu ubicación.

El progreso del conocimiento desde la superstición hasta la física newtoniana y la mecánica cuántica no es lineal; no es un desarrollo suave o una evolución de uno a otro. Cada física es un salto cuántico del sistema de pensamiento anterior al nuevo. De hecho, una de las barreras para la adopción del nuevo sistema fue la necesidad de deshacerse del anterior, de salir del viejo paradigma.

De la misma manera, la psicánica no es una progresión, una evolución, de la psicología y la psicoterapia. Se trata de los mismos fenómenos, la experiencia y el comportamiento humanos, pero con un paradigma radicalmente nuevo. La psicánica es mucho más similar a la física y la electrónica que a la psicología. La psicánica se ocupa de la causa<>efecto, la fuerza, el poder, la energía, la masa, las realidades, el flujo de energía, las resistencias, la descarga de energía, la creación y la descreación. Te trata como un espíritu, una vida, entidad energética de voluntad consciente, con el poder de mover energía, y así crear y descrear realidades. Así que ten en cuenta que al estudiar psicánica, estás dando un salto cuántico hacia una nueva ciencia sobre cómo funciona la vida. Cualquier cosa que sepas de la psicología será más un obstáculo que una ayuda.

Poder

La palabra científica para magia es poder. **El poder es la capacidad de producir los resultados deseados.** Toda nuestra tecnología moderna es poder: fábricas, automóviles, computadoras, internet, celulares, medicinas, etc. ¿De dónde viene nuestro poder? Del conocimiento, de la ciencia que es conocimiento sistemático. ¿Cuánto conocimiento se necesita para producir y mantener operando nuestra civilización? Universidades, millones de libros, años de estudio y especialización: hay tanto por saber que nadie puede saber más que una pequeña parte de todo el rompecabezas de nuestra civilización.

Te prometemos niveles mágicos de poder sobre tu vida, sobre tu mente, emociones, comportamientos y relaciones. Te estamos prometiendo que puedes eliminar todas tus emociones negativas, todas tus adicciones, todos tus problemas de relación, y que puedes vivir en emociones positivas, en serenidad y alegría todo el tiempo. Sin embargo, hay un precio a pagar.

El precio del poder

Es un antiguo axioma que "El conocimiento es poder". Hay un precio para el poder: aprender, adquirir conocimientos, lograr la comprensión de lo que son las cosas y cómo funcionan. El poder de transformar tu vida no es una excepción.

Con este libro, estarás estudiando una nueva ciencia, la psicánica. **La psicánica es la física y la electrónica de la energía y las realidades transfísicas.** Tus energías transfísicas son aquellas que percibes directamente en tu conciencia, no a través de tu cuerpo físico. No son energías físicas, no puedes medir un kilo o un metro de emociones, ni atrapar tus pensamientos en un balde.

Tus energías transfísicas incluyen:

> ➤ Todas tus emociones, positivas y negativas.
> ➤ Todos los pensamientos y actividades mentales: programas, paradigmas, creencias, determinaciones, valores, metas, imaginaciones, recuerdos, etc.
> ➤ Todas tus identidades, tus creencias sobre quién y qué eres.
> ➤ Todas sus motivaciones e impulsos a los comportamientos, incluidas las adicciones, las compulsiones, las obsesiones y las fobias.
> ➤ Todas las energías de tu relación: gustos y aversiones, amor◇odio, aceptación◇rechazo, inclusión◇exclusión y cómo tratas a los demás.
> ➤ Tu felicidad o infelicidad, dolor y sufrimiento no físico.

Este libro no es inspiracional. No es motivacional. No es para propósitos de entretenimiento; no tiene historias divertidas. No es una lectura rápida ni ligera. No es una lectura fácil. Este libro es ciencia dura, una nueva ciencia, una ciencia de la energía transfísica y la experiencia humana no física. Es una ciencia de cómo funciona realmente tu vida interior. Es una nueva psicología del ser humano. Este libro está repleto de nuevos conceptos y terminologías para representarlos. Muchos de esos conceptos y la mayor parte de la terminología serán nuevos para tí. **Algunos de ellos contradecirán lo que ahora crees sobre la vida.** Cuando lo haga, presta especial atención porque estás mirando tus errores de pensamiento que están causando tus problemas en la vida.

Hay tres libros en esta serie de Autoterapia. Dominar los tres te dará más conocimiento y comprensión de la psicología humana y más poder para producir cambios fáciles y rápidos que un título universitario en psicología.

¿Estás dispuesto a pagar el precio del poder, para aprender una ciencia?

Algunas de las Leyes del Estudio y el Aprendizaje:

El estudio es comprensión. Solo mirando información o leyéndola sin entenderla completamente, no es estudiar. El secreto para entender es entender cada palabra. No son las ideas las que se malinterpretan, sino las palabras las que expresan la idea.

Aprender es adquirir la capacidad de actuar y producir los resultados deseados. Si no puedes producir resultados con lo que estudiaste, no has aprendido por mucho que hayas estudiado. **Es muy común que la gente estudie mucho y aprenda muy poco.**

Estarás aprendiendo una nueva ciencia de las energías no físicas que componen tu experiencia interna de pensamientos, emociones, motivaciones, comportamientos y relaciones. Esta ciencia consta de términos, ideas y conceptos, algunos de los cuales son tan revolucionarios para los paradigmas de hoy como lo fue la mecánica cuántica para la mecánica newtoniana. Por ejemplo: **eres el creador** de todo en tu vida; absolutamente todo, tanto tu experiencia psicánica interna como eventos y circunstancias externas físicas. Observa cómo eso contradice totalmente los paradigmas de hoy en día de que vivimos en un mundo indiferente o incluso hostil creado por quién sabe qué y sobre el cual tenemos muy poco control.

Los conceptos en psicánica se representan, simbolizan, con términos técnicos y abreviaturas, denotados con la abreviatura "TT" de "Término Técnico". Por lo general, estas palabras se definen cuando se introducen por primera vez. Cada vez que tengas dudas sobre el significado de un TT, debes buscarlo en el glosario. **No puedes usar un diccionario ordinario para entender los TT de psicánica:** eso producirá confusión y saboteará tu comprensión.

Recomendamos leer el libro dos veces porque la psicánica es una ciencia esférica en lugar de lineal. Muchos conceptos están conectados a otros conceptos y no pueden entenderse hasta que se comprendan todas sus conexiones. Por lo tanto, hay conceptos al principio que no pueden entenderse completamente hasta que se comprendan los conceptos posteriores. Leer el libro por segunda vez hará mucho más claros los conceptos de la primera parte del libro. Además, este libro contiene demasiada   información   de   suficiente   complejidad   como   para comprenderla con una sola lectura. En la primera lectura, pueden pasar cosas que no entiendes completamente. Sin embargo, en la segunda lectura, **nunca pases por alto ninguna idea que no comprendas completamente.** Si hay algo que no entiendes, busca palabras mal entendidas. No son las ideas las que se malinterpretan; son las palabras las que los componen. Cuando no entiendes una idea, busca una o más ideas mal entendidas en la idea o en el texto anterior a la idea.

Taxonomia

Toda la ciencia es taxonómica: hay una jerarquía de conceptos desde el principio y básico hasta el avanzado y complejo. No entender un concepto básico imposibilitará (hacer imposible) el aprendizaje de los conceptos posteriores, más avanzados. Si en la segunda lectura del libro no te queda todo claro, tienes palabras mal entendidas=conceptos. **Estás en el Efecto Dominó**, explicado abajo.

El Efecto Bola de Nieve

Al estudiar cualquier tema, ese tema debe volverse más claro y más fácil a medida que avanzas. Este es el Efecto Bola de Nieve: a medida que avanzas "recoges" *con comprensión* nuevos conceptos. Se "pegan" y hacen crecer la bola de nieve de su comprensión y eventual dominio del tema.

El Efecto Dominó

El Efecto Dominó es lo opuesto al Efecto Bola de Nieve. **Si algún tema se vuelve más confuso y difícil a medida que tratas de avanzar en él, estás en el efecto dominó.** Estás familiarizado con cómo al empujar la primera ficha de dominó en una línea de fichas hace que cada una caiga en sucesión.

El Efecto Dominó es el fenómeno en el que la primera palabra mal entendida o concepto en un tema impedirá la comprensión de conceptos posteriores más avanzados, lo que a su vez imposibilitará la comprensión de los conceptos aún más avanzados y complejos. Como una fila de fichas de dominó que caen, la primera palabra o idea mal entendida produce más y más ideas mal entendidas y las hace imposibles de entender sin aclarar todos los malentendidos anteriores. El resultado es que el estudiante se enreda en una masa de confusión e incapacidad para dominar el tema. Suele abandonar el estudio como un tema demasiado avanzado para su capacidad intelectual. Vemos que esto sucede cada día en el sistema educativo: los estudiantes renuncian a su educación (ya sea continúan o no presentes físicamente en las clases).

Sin embargo, el problema no es la inteligencia del alumno. No es que el tema sea demasiado avanzado o difícil. El problema es que el estudiante estudia una técnica deficiente. La verdadera causa de la incapacidad para dominar un tema es que la persona procedió a "estudiar" más allá de una palabra o idea mal entendida. **Solo una palabra mal entendida es suficiente para iniciar el Efecto Dominó.** Nosotros ponemos "estudiar" entre comillas, porque inmediatamente que una persona no logra entender, deja de estudiar.

Ilustración: El Efecto Dominó: La primera palabra o idea mal entendida impedirá la comprensión de las ideas posteriores más avanzadas, lo que impedirá la comprensión de las ideas posteriores, aún más avanzadas. Toda la ciencia se convierte en un área de confusión imposible de dominar.

Probablemente hayas experimentado ambos efectos tú mismo:

A- **¿Qué materias has estudiado que se fueron haciendo cada vez más fáciles a medida que avanzabas?** En esos temas estás operando en el Efecto Bola de Nieve.

B- **¿Qué materias se volvieron más confusas y difíciles a medida que avanzabas?** En aquellas materias que estudiabas en el Efecto Dominó. Incluso puedes recordar las palabras o conceptos exactos que nunca entendiste por completo. Cuando continuaste adelante en tu estudio con esas palabras o ideas mal entendidas, comenzó tu Efecto Dominó.

Algunas materias, como ciencias y matemáticas, son inherentemente más complejas que otras. Pero esto no cambia el principio de que dominas cualquier tema al dominar cada palabra, idea y operación en la taxonomía de ese tema. El fracaso en el dominio de una palabra en el momento del encuentro en la taxonomía pone en marcha el Efecto Dominó.

Cuando te encuentras leyendo con la mente en blanco, mecánicamente, sin imágenes mentales y con una comprensión clara, estás en el Efecto Dominó. Tienes que volver a donde estabas duplicando bien la información y avanzar hasta dónde comenzó tu mente en blanco aclarando cuidadosamente los significados de todas las palabras.

El precio de la magia psicánica, sobre el poder sobre tu vida, es primero la comprensión completa y luego la práctica en la aplicación del conocimiento hasta que puedas descrear tus identidades negativas. Te tomaremos de la mano mientras haces esto. Pero todo comienza con tu comprensión intelectual de qué hacer, por qué hacerlo y cómo hacerlo, que es el propósito de este libro.

Ley del Aprendizaje

Si no puedes aplicar la información y producir los resultados deseados, no has aprendido, no importa cuánto hayas estudiado.

Resultados = aprendido.   **Resultados pobres = no aprendido.**

Para ayudar a tu comprensión, a menudo deletrearemos los términos técnicos (TT) de psicánica con una primera letra mayúscula. Ejemplos: Causa, Juego, Drama, Víctima, Responsabilidad, Espacio, Amor. Debes aprender las definiciones y conceptos de Psicánica para sus términos técnicos (abreviatura: TT). Si aplicas la definición de un diccionario ordinario, tienes la garantía de haber entendido mal las palabras y caerás en el Efecto Dominó.

Para ayudarte a lograr el verdadero aprendizaje del sistema de procesamiento de energía TTS en este libro, tienes.

#1- En los cursos de Psicánica que damos en línea en www.psicanica.com Nuestros cursos proporcionan ejercicios que te llevan paso a paso para practicar las muchas habilidades que necesitas para hacer tu autoterapia.

#2- En sesiones de TTS online o presencial, donde profesionales de la Tecnología de Transformación de Ser (TTS) te guiarán en la aplicación de la tecnología y descrear exactamente lo que necesitas descrear para cambiar tu vida.

5. Transformación

Puedes utilizar la ciencia Psicánica y su Tecnología de Transformación del Ser tal como se presenta en este libro para cambiar cualquier situación negativa específica en su vida: emociones, autoimagen, autoestima, comportamientos, adicciones, traumas, miedos, fobias, TEPT, bloqueos. a tomar acción, problemas de relación, etc. Una vez que aprendas la Tecnología de Transformación del Ser, cambiar cualquier cosa específica, por ejemplo, eliminar un evento detonante y sus emociones negativas, o eliminar una adicción - sólo toma un par de horas.

Sin embargo, descrear una sola emoción negativa es como usar cañones de acorazados para hundir botes de remos. La Psicánica y su Tecnología de Transformación del Ser tienen el poder de transformar cada aspecto de tu vida. La siguiente tabla presenta características de lo que entendemos por Transformación de Vida:

Tabla de Transformación de Vida

La Experiencia del ser humano SHO = no enlightened Ser humano.	La experiencia de un Ser transformado. SHE = Ser Humano Enlightened (Espiritual)
Cree que vive en un universo de materia muerta sobre la que tiene poco control.	Sabe que es el creador de su experiencia psicánica interna; y manifestante de lo que quiere externamente, en el UF.
No entiende cómo su Ser: voluntad, conciencia, mente, emociones, conductas, amor, felicidad y relaciones realmente funcionan. Tiene poco control sobre cualquiera de ellos.	Sabe que todo en su SER opera de acuerdo con leyes y principios exactos. Aplica las leyes para controlar todos los elementos de su SER. Descrea todas las energías negativas en su SER y crea los aspectos positivos que desea experimentar.
Cree que su vida está determinada por el azar, coincidencias, accidentes y mala suerte.	Sabe que la vida es Causa→Efecto. Vive creando conscientemente sus resultados deseados, en control de su vida y satisfacción.
Vive en condiciones de juego → malos resultados → Drama. Mucho Drama en su vida.	Vive manifestando sus resultados deseados fácilmente y en todas las Arenas de su vida, ergo vive **LIBRE de todo Drama.**
Con frecuencia se siente la víctima de otras personas, eventos o la vida misma. Vive culpando a eventos externos de sus problemas y dolores.	Vive en Causa y en 100% Responsabilidad por su vida y todo lo que sucede dentro de él. Nunca se siente víctima de nada ni nadie.
Cree que sus emociones (MODs e Infelicidad) son causadas por	Sabe que es el creador absoluto de sus emociones y tiene

eventos. Desperdicia su energía tratando de controlar lo externo para controlar su emociones	permanentemente descreados los negativos.
Su vida está llena de MODs e Infelicidad. Experimenta activaciones frecuentes de sus emociones negativas: ira, ansiedad, miedos, resentimientos, culpa, odio, tristeza, depresión, etc..	No tiene emociones negativas; los ha descreado. Vive en la Verdadera Felicidad; en serenidad, paz y alegría todo el tiempo.
Su vida está llena de comportamientos de Don Quijote. El quema grandes cantidades de TE que luchan por detener a otros y eventos que desencadenan sus MODs e Infelicidad. (Esto produce la mayoría de los problemas en sus relaciones.)	Nada activa sus MODs: no tiene masas RIN. Deja que los demás y la vida sean como ellos son, y como no son.
Tiene múltiples comportamientos compulsivos y adicciones a sustancias (alcohol, tabaco, drogas, etc)	Ha descreado las masas RIN que alimentaba sus compulsiones y adicciones. Ahora no tiene ninguno.
Tiene miedos y bloqueos para tomar acción: bloqueo del escritor, hablar en público, la pereza, la indisciplina, irresponsabilidad, cambiar de trabajo, iniciar un negocio, dejar una relación, etc	Descrea cualquier bloqueo a la acción.
Su vida está dominada por la Búsqueda externa de la felicidad: esforzarse y acumular cosas externas (MOPs), espejismos de felicidad. Estos siempre pasan pronto.	Ha alcanzado la Verdadera Felicidad. Vive Libre del mundo. No necesita nada externo para ser feliz; los eventos externos no le causan dolor y tampoco los confunde con la felicidad.
A menudo busca aceptación, validación, aprobación, amor de otros. Y se vende para complacer a los demás.	Vive libre de preocuparse por lo que otros piensan. Persigue sus pasiones.

RELACIONES	RELACIONES
Sus relaciones tienden a ser llenas de energía negativa, problemas, conflictos y emociones negativas. Cada persona frecuentemente provoca a la otra.	Sus relaciones están libres de todo. Energía negativa y conflictos. Ellos operar en serenidad, armonía, amor y alegría.
Cada persona trata de usar, de cambiar, a la otra persona para controlar su experiencia psicánica, su SER-SENTIR, para evitar los MODs y sentirse amado.	Cada persona crea su SER-SENTIR. No tiene necesidad de que la otra persona SEA o HAGA cualquier cosa para complacer o para evitar desagradar, ergo Libertad.
Tiene muchos programas (creencias, expectativas, demandas) sobre cómo deberían SER otras personas y HACER, en forma errónea e intentos imposibles de controlar su propio SER y emociones.	No tiene masas RIN, ergo no gatillos, ergo no tiene programas sobre cómo los demás deben SER o HACER. Controla su SER y sus emociones directamente.
No sólo trata de controlar y cambiar a los demás, para conseguir que lo obedezcan, sino que lo hace con energía negativa, con anti-amor. (Comportamientos de Don Quijote).	Da a todos los demás la Libertad de SER y HACER lo que les plazca. Ley: No hay Amor que no comienza con la libertad.
Otros se resisten a su control y energías negativas, generando problemas y conflictos en su relación.	Todas las relaciones funcionan en armonía, amor, negociación ganar-ganar y apoyo mutuo.
Celos y "propiedad" de el otro, tratando de dictar, controlar y restringir a la otra persona.	En las relaciones psicánicas, todos los celos se eliminan con TTS. nadie intenta poseer o controlar al otro..
Las comunicaciones con frecuencia tienen energía negativa: ira, recriminaciones, invalidaciones, culpa. El resultado son los conflictos. y discusiones.	Las comunicaciones son siempre libres de todas las emociones negativas y para todas las demás energías negativas usan TTS cuando es necesario. Las negociaciones son fáciles y rápidas.

Ninguna responsabilidad por la relación. Cada uno cree que la otra persona es la causa de todos los problemas; que la otra persona debe cambiar, no yo.	Cada persona opera en el 100% de Responsabilidad por la calidad de la relación = 200% de Responsabilidad presente. Para resolver problemas uno se cambia a sí mismo, no al otro.
La relación acumula energía negativa (ira, resentimientos, culpas, resistencias, recriminaciones, me debes, etc.) hasta que finalmente se rompe.	Cada persona usa TTS según sea necesario para mantener su SER libre de toda energía negativa. Las partes negocian los problemas con serenidad y amor.
La mayoría de las relaciones conyugales fracasan: Hay una tasa de fracaso del 90%. Alrededor del 50% terminan en divorcio. En otro 40%, la gente se quedan juntos pero insatisfechos y en Infelicidad.	Los Seres Transformados saben cómo terminar las relaciones en armonía y amor.
El fin de las relaciones es a menudo con energía negativa. El divorcio suele ser mordaz.	Las relaciones son fluidas, y cuando terminan, lo hacen en agradecimiento y gratitud a la otra persona.

Tú eliges el nivel de trabajo sobre ti mismo y la vida que deseas: desde solo cambiar una emoción o comportamiento en particular; a cambiar muchas cosas en tu vida; para completar la Transformación de tu vida; al pleno Despertar espiritual y Realización de Esencia. No hay bueno<>malo; debería ser<>no debería ser. Sólo opciones y elecciones. Todo depende de ti.

Hay tres tipos de personas en la vida:

1- Los que hacen que las cosas sucedan;

2- Los que ven las cosas pasar; y

3- Los que preguntan, "¿Qué diablos pasó?"

Si va a ser; depende de mí.

Transformación Espiritual

Hay dos niveles de Transformación: humana y espiritual. La Transformación Espiritual es un DESPERTAR de **Quién Eres Realmente, un espíritu, una individualización de Esencia Única.** Tú-psican estás dormido en tu Sueño Humano. Estás dentro de la Matrix de la Creación perdido en tu ilusión de ser solo un ser humano, exactamente como lo planeaste y creaste antes de venir a la Tierra.

Tú DESPIERTAS cuando has tenido suficientes vislumbres de Quién Eres para que:

#1- estás seguro de la existencia de tu Ser como un espíritu inmortal y de tu origen: Esencia Única y Creadora de Todo Lo Que Es.

Y

#2- comienzas y mantienes un trabajo espiritual en ti mismo para trascender tu ilusión de ser humano y recuperas permanentemente tu experiencia de Ser como espíritu inmortal, y restauras tu percepción y comunicación con Esencia.

El despertar conduce a la **experiencia espiritual que es el núcleo de todas las religiones.** En occidente/cristiandad se le ha llamado el Reino de los Cielos, el Jardín del Paraíso, la Salvación, la Redención. En occidente / Budismo, Hinduismo, Taoísmo, Zen, se le llama Enlightenment, Realización, Satori, Nirvana, Samadhi, entre otros. También se le ha llamado Conciencia Cósmica. La Esencialidad lo llama Enlightenment.

Cuando estás Enlightened, has trascendido la ilusión de que solo eres un ser humano para vivir permanentemente en la experiencia de ser un espíritu inmortal que visita la Tierra. Y has recuperado tu percepción, conexión y comunicación con Esencia, es decir, el Creador, también conocido como Dios. Ella está en todas partes a tu alrededor todo el tiempo; Ella es todas las cosas; Ella forma todo lo que existe a partir de Su propio Amor-Vida-Energía. Para vivir la Aventura Humana tendrías que bloquear tu habilidad psicánica innata para percibirla. Pero la Verdad siempre es: Ella es lo único que Verdaderamente existe, y tú eres parte de Ella; todos lo somos; todos somos uno. (Se trasciende la ilusión de ser humano al descrear el Caparazón, explicado en otra parte.)

El despertar es un estado intermedio: debes progresar hacia el enlightenment o volverás al Sueño. Sin compromiso y acción para expandir y hacer permanente tu Despertar, para lograr tu enlightenment; te perderás de nuevo en tu identidad humana.

La mayoría de los psicans en el planeta ahora (2020 d.C.) todavía están encantados con su Experiencia Humana, con explorar Drama e Infelicidad, por lo que no están interesados en el Despertar y el Enlightenment. Y eso es perfecto. Eres inmortal; tienes toda la eternidad para explorar la infinidad de la Creación. La Experiencia Humana es solo un teatro, una Matrix, en esa infinidad. Tú-psican eres libre de quedarte aquí y pasar por tantas encarnaciones humanas como quieran; ya tienes cientos.

Pero eventualmente, tú-psican te cansarás de estar lejos del Amor y explorar el Lado Negativo de la Polaridad de la Creación, del Drama e Infelicidad. Entrarás en la Noche Oscura del Alma Vieja, y añorarás Casa, para Regresar al Infinito Amor-Felicidad de donde vienes.

Enlightened, es el fin de tu ciclo de encarnaciones en la Tierra, del samsara (Hinduismo). Regresas a la Creación integrado con Esencia y puedes elegir otra Matrix de Película en la infinidad de opciones de experiencia que es la Creación. La mayoría de las opciones son diferentes a la Tierra en que son experiencias de energía positiva y no pierdes tu conciencia de Quién Eres

Todas las religiones estaban destinadas a ser Caminos de Regreso a Casa, de regreso a Esencia; pero han perdido, no sólo la comprensión de la Meta, sino cualquier forma efectiva y tecnología rápida para lograrlo. Esencialidad es una nueva declaración de lo universal. Sabiduría de la Verdadera Naturaleza de la Existencia. Es una ciencia de Esencia y un sistema de Retorno al Uno. Esencialidad es un concepto moderno, occidental, científico, preciso y un Camino relativamente rápido de regreso a tu Verdadero Ser y a tu Esencia. El enlightenment en otras escuelas toma vidas, en Esencialidad puedes lograrlo en cinco años.

La psicánica es un derivado de la Esencialidad; del último conocimiento espiritual aplicado a tu vida humana en la Tierra. Si bien no necesitas saber quién eres realmente (psican-voluntad-conciencia-creador), ni de la existencia de Esencia, es más útil comprender todo eso cuando trabajas en tu Ser psicánicamente. Tú tendrás mucho más poder para crear y descrear haciéndolo desde psican en lugar de tu identidad humana.

Aquí hay una tabla que compara algunas de las características de Enlightenment, de SHEs

(Seres Humanos Enlightened/Espiritual) con SHOs: Seres Humanos.

Un SHO es aquel que no sabe:

1- Quién Él Realmente Es, que tiene dos partes: #1- Ser espiritual inmortal jugando en la Creación; #2 una individualización y siempre parte del Uno Ser Creador Infinito que es también la Esencia de la Creación

2- No sabe que es el creador de todo en su vida y por eso vive en un paradigma de impotencia, indefensión y víctima de fuerzas externas sobre que cree que tiene poca influencia.

3- No es consciente de que su creación primaria subconsciente para su vida es la lucha, Drama e Infelicidad (todas las emociones negativas).

Table of Spiritual Transformation

La Experiencia del SHO: no enlightened Ser humano.	La experiencia de un SHE: Enlightened/Espiritual Ser:
Vive sin percepción/experiencia de Creador, ya sea creyendo ciegamente en una religión, o como un agnóstico o ateo.	Puede sentir Esencia y comunicarse con Ella a voluntad. Sabe por experiencia personal exactamente lo que Dios es, donde Ella esta, y está conectado a Ella.
El universo es una máquina gigante, si no hostil, al menos indiferente a su situación.	La Creación está viva y es Amor infinito. Confía en Amor para producir siempre lo que es en última instancia, perfecto para él.
Su espiritualidad se limita a los dogmas muertos de las iglesias y religiones no tiene real conocimiento o experiencia de Esencia.	Sabe que todo es Uno- Espíritu Infinito. Se experimenta a sí mismo como un espíritu inmortal, parte de Un Gran Espíritu que es Unidad, Poder, Amor-Felicidad.
Creencias y experiencias de sí mismo como un ser humano, como un cuerpo físico con sólo esta vida vida.	Se conoce y experimenta a sí mismo como un espíritu inmortal de visita Tierra para disfrutar de la Experiencia de aventura humana.
Vive con miedo a la muerte de sí mismo, y de sus seres amados.	Ha procesado sus vidas pasadas. Sabe que ha "muerto" muchas veces antes; no tiene miedo de la muerte, ni se angustia cuando otros "mueren".
Viven separados, aislados individualidad de los demás, y con el mundo dividido en grupos de conflicto: "Nosotros contra ellos". Tristeza y soledad.	Percibe al UNO omnipresente todo lo que existe. Siente Unidad con todos los demás y la Vida. nunca está solo; esencia, amor, siempre está presente en su experiencia. Siempre está en CASA.

Arrastra un·pasado muy cargado toda la vida. Ese pasado contiene recuerdos dolorosos, fracasos, incidentes traumáticos (violencia, abuso, abandono, etc.), vergüenzas, relaciones, resentimientos, etc. El pasado es doloroso.	El SER transformado ha limpiado toda la energía negativa de su pasado. Puede recordar o pensar en cualquier cosa de su pasado con cero dolor, pero nunca lo hace sin alguna buena razón. Vive Libre del Pasado.
Cree que el pasado le forma y lo limita y tiene una capacidad de cambio limitada.	Sabe que el pasado no tiene poder sobre su presente. Se ha re-creado a sí mismo en su ideal de SER.
Es impulsado por el ego negativo: juzga a todos como mejores o peores, más o menos, que él. Utiliza máscaras, pretensiones, jactancia, superioridad, ostentación, tratando de convencer a otros de superioridad. Luchas para subir jerarquías.	Sabe que todos somos individualizaciones ilusorias del Uno y que el ego negativo es una alucinación: no hay más o menos en Uno. Conoce a todos es un hijo igual del Uno. Vive libre de todo egoísmo o competencia con otros. Vive en Humildad sin la cual no hay Sabiduría, Poder, Amor o Felicidad.
Continúa viviendo en el propósito original del ser humano Experiencia: Condiciones de Juego→ malos→ resultados Drama.	Ha escogido el Camino Rápido de Poder→Resultados→Satisfacción Tiene un gran poder para crear y manifiesta en su UF lo que él desea experimentar.
En conclusión: La vida ocurre en el Valle de Oscuridad y Lágrimas, lleno de Drama e Infelicidad.	En conclusión: La vida es un regreso al jardín del Edén; a la creación, la facilidad, la abundancia y disfrute constante.

5. Experiencia

Todo lo que hemos dicho hasta ahora son preliminares. Ahora comenzamos con el estudio de la psicánica en sí misma.

"EXPERIENCIA" (TT - Término Técnico) es el concepto más fundamental en toda la Creación. Tu experiencia es lo único que tienes; lo único que conoces. La Creación* es una infinidad de experiencias; tu vida es un desfile de experiencias. Comprender qué es la experiencia y cómo funciona la tuya, son las claves del poder sobre ti mismo, sobre la vida y para ser feliz todo el tiempo. Tú eres el creador de toda tu experiencia y puede descrear las no deseadas (como la ira, depresión, culpa, pena, adicciones, traumas, trastorno de estrés postraumático, conflictos de relación, etc.). * *(La Creación con una "C" mayúscula significa todo lo que existe: todas las dimensiones, todas las realidades, todos los universos. La creación con una "c" minúscula significa cualquier realidad, cosa que existe dentro de la Creación). Esencia manifiesta la Creación llenándola con una infinidad de creaciones, todas formadas por Su Energía de Vida.)*

Tú eres una experiencia para Esencia y todo lo que experimentas, Ella lo experimenta a través de ti. También eres un sub-creador, expandiendo la Creación desde adentro con todo lo que creas y haces en tu vida. Tu vida humana es tu creación, aunque como ser humano no lo sabes para que puedas crear drama y explorar energías negativas de todo tipo (por ejemplo, emociones negativas).

Propósito de la existencia

El propósito de la Creación es la Experiencia, todo tipo de experiencia posible sin límites e incluyendo todas las experiencias negativas, Drama e Infelicidad. La Creación es Esencia manifestándose a Sí Misma, Su Esencia de Energía Vital, en todas Sus infinitas posibilidades y variedades de ser; es decir, la Creación. La Creación es el patio de recreo, la Disneylandia de Esencia. La Creación es Esencia explorándose, experimentándose y conociéndose a Sí Misma en todas Sus infinitas posibilidades de SER. Esto incluye que Ella se manifiesta y explora todas las polaridades negativas. En el capítulo sobre Polaridad, explicaremos por qué deben existir experiencias negativas como dolor, sufrimiento y pérdida. Sin embargo, una vez que los hayas experimentado, no es necesario que los mantengas en tu vida.

El propósito de este planeta es albergar las Experiencias de la Aventura Humana. Tú estás protagonizando la suya ahora. La Experiencia Humana es la exploración de las energías negativas de todo tipo: problemas, conflictos, víctimas, errores, malos resultados, fracasos, Drama, y todas las emociones negativas que son la esencia de la **Infelicidad** y **Dolor**, que se abrevian de ahora en adelante como **Infel**.

Conciencia

La conciencia es el poder de percibir, experimentar, sentir y, por tanto, conocer. La conciencia es una de las 13 Características Primordiales de Esencia; existe antes y fuera de la Creación; es a priori a todas las cosas. La conciencia es mística; está más allá de la comprensión humana. La conciencia no viene del universo físico (donde tantas ciencias buscan su origen). No proviene de tu cuerpo o de tu cerebro o de tu mente.

La experiencia es la conciencia en funcionamiento; la conciencia siendo impactada por
energías y realidades que producen esas experiencias.

Conciencia = percepción, sentimiento, experiencia, ergo conocimiento.

Tú-espíritu-psican es una individualización de Esencia con las mismas Características, incluida la conciencia. Tú es una entidad **trans-física = espiritual** de Conciencia-Voluntad. La conciencia es parte de tu naturaleza fundamental espiritual. Es tu poder experimentar; experimentas tus energías psicánicas directamente en la conciencia; experimentas el universo físico a través de los sentidos de tu cuerpo.

Mucha gente ha estado buscando el origen de la conciencia utilizando hipótesis basadas en que evoluciona dentro y desde el universo físico; que es de naturaleza química; o que es producto del cerebro, etc. Todas estas están mal. La Conciencia es a priori del universo físico. Es una de las 13 Características Primordiales de Esencia, del Ser Creador. La conciencia es un aspecto del Creador de la materia. Luego encarna dentro de la materia para jugar y experimentar sus creaciones

¿Qué es la Experiencia?

La experiencia es el impacto (efecto) de las **realidades** (masas de energía modulada) en la conciencia. La experiencia es la percepción, el sentimiento y, por lo tanto, el conocimiento de realidades.

La experiencia es la conciencia en acción.

Definición: **Realidad, Realidades (TT)**: Una realidad es cualquier forma de energía siendo lo que es. Una realidad es energía modulada, tomando una forma, energía siendo algo. Una realidad es energía tomando una forma específica e identidad. Todo lo que existe es una realidad. Ejemplos de realidades físicas: electrón, átomo, molécula, roca, árbol, perro, cuerpo humano, casa, planeta, estrella, galaxia, todo el universo físico: todo es realidades. Ejemplos de realidades Psicánicas: cada pensamiento, memoria, idea es una realidad. Cada emoción es una realidad. Tus identidades son realidades. Tus relaciones son realidades.

Las realidades causan Experiencia.
La experiencia es el efecto de las Realidades (sobre la conciencia).

Para cambiar tu experiencia, crea y descrea tus realidades.
(¡No resistas tu experiencia! Resistencia Causa Persistencia).

Las definiciones técnicas son importantes porque estás aprendiendo a controlar tu experiencia creando y descreando tus realidades psicánicas, particularmente tus realidades sobre ti mismo: tus identidades.

Tus tres dimensiones de experiencia

Tu objetivo principal en la vida, tu imperativo existencial, es controlar tu experiencia. Todo lo que haces es para controlar tu propia experiencia. Tú buscas reducir y eliminar las experiencias negativas (como tus emociones negativas, adicciones, conflictos de relaciones) que son Infelicidad; y producir experiencias positivas que son felicidad. Tú eres innatamente capaz de hacer esto; tienes el Poder de hacerlo. Sin embargo, como ser humano, no comprendes cómo funciona tu experiencia y las formas en que intentas controlarla ahora no funcionan, no pueden funcionar y no funcionarán. La Psicánica te muestra lo que estás haciendo que no funciona y lo que debes hacer para controlar tu experiencia. El objetivo es que logres la Verdadera Felicidad, que es un estado de mayormente emociones positivas (satisfacción, paz, entusiasmo, amor, alegría, etc.).

Tu experiencia es todo lo que percibes, sientes y conoces, ya sea físico o transfísico (psicánico). Tienes tres dimensiones de experiencia. Como toda experiencia es el efecto de la energía, de las realidades, en la conciencia, tienes tres dimensiones de muy diferentes tipos de energía.

Tus tres principales campos, dimensiones, mundos o universos de energía-experiencia son:

    1- Espiritual   **2- Psicánico**   **3- Físico**

Ilustración: Tus tres dimensiones/universos de experiencia, mostrado vertical y horizontalmente.

Abajo: Las mismas 3 dimensiones de experiencia mostradas horizontalmente.

1- Experiencia del Universo Físico (FU)

Tu **experiencia física** es todo lo que percibes del universo físico, de energías físicas y materia. Tienes un cuerpo físico y lo experimentas. A través del instrumento de tu cuerpo y tus cinco sentidos, tú percibes, experimentas, el mundo físico externo.

• La experiencia física negativa es dolor físico o sufrimiento.
• La experiencia física positiva es placer físico.

¡Las experiencias físicas positivas NO son felicidad! La mayoría de las personas confunden el disfrute de experiencias físicas (por ejemplo, viajes, vacaciones) con felicidad. La felicidad es un estado *emocional* positivo la mayoría del tiempo; los placeres físicos siempre van y vienen. Uno de los grandes errores del ser humano es perseguir el espejismo de la felicidad en forma de experiencias físicas. El placer y la felicidad no son en absoluto lo mismo, algo que examinaremos a profundidad más tarde.

— — — — — — — — — — — — — — — — — —-

2- Tu experiencia del Universo Psicanico (UP)

Tú eres un **psican**, una entidad de energía vital no física, un espíritu. Estás formado de Conciencia y Voluntad (y las otras 11 Características de Esencia, de las cuales 4 son fundamentales para tu existencia humana). Eres una entidad espiritual, inmortal de **Voluntad-Consciencia**. Tú-psican estás encarnando en un complejo de identidad humana y un cuerpo humano para jugar en la Creación. Estás visitando actualmente la Tierra y protagonizando tu película de drama humano.

Tú eres conciencia. La conciencia es la capacidad, el poder, de percibir y experimentar realidades. La Creación consiste en una infinidad de realidades; todo lo que existe es una realidad. Todas las realidades son creaciones: alguien, en algún lugar, en algún tiempo, tuvo que crearlas para que existieran. Para las experiencias de tu vida, ese alguien eres tú. En este libro y a lo largo de psicánica, explicaremos y probaremos CÓMO creas todo en tu vida.

Definición: Tu experiencia psicánica son todas tus energías no físicas o transfísicas, energías que tú-psican experimentas directamente en tu conciencia, en lugar de a través de tu cuerpo. Son energías transfísicas, no físicas: no se pueden capturar ni medir con instrumentos físicos. **Ellas no vienen de y no son parte del universo físico.**

Tú tienes múltiples tipos de energías-experiencias psicánicas incluyendo

- Emociones,
- Pensamientos y recuerdos y todas las actividades y experiencias mentales,
- Identidades (tus creaciones de si mismo, lo que eres y lo que no eres),
- Motivaciones, impulsos y compulsiones a comportamientos (como adicciones);
- Tus energías de comunicación y relación (como me gusta <> no me gusta), que producen armonía y amor, o problemas y conflictos.

Por ejemplo, gusto <> disgusto, amor <> odio y felicidad <> infelicidad son polaridades energía-experiencia psicánicas. (Polaridad tiene un capítulo más adelante).

La palabra "experiencia" en psicánica siempre se referirá a la experiencia *psicánica* a menos que se indique lo contrario. Cuando usamos la palabra "experiencia" sin calificadores como "pasado", "físico", "espiritual"; siempre nos referimos a tu experiencia psicánica: identidades, emociones, pensamientos, comportamientos, energías en relaciones (como afinidad y aversiones), amor, drama y felicidad.

Experiencia Psicanica #1: Emociones

De todas tus creaciones-energías psicánicas, tus identidades son, por mucho, las más poderosas. Sin embargo, las energías de las que probablemente eres más consciente son tus emociones, especialmente las negativas que no son solo la esencia de Infelicidad; es la ÚNICA Infelicidad que existe para ti.[1]

Tus emociones son tus **energías de amor propio,** positivas y negativas, determinadas por tu Identidad Esencial del momento. (No entenderás esto hasta mucho más adelante en el libro.).

Ejemplos de emociones positivas incluyen: satisfacción, interés, respeto, entusiasmo, cariño, pasión y alegría. Son la felicidad en sí misma.

Ejemplos de emociones negativas incluyen: ira, frustración, impaciencia, ansiedad, miedo, resentimiento, culpa, tristeza, pena, soledad, odio, apatía, depresión, etc. Una vez más, estas son la única Infelicidad que existe.

---

[1] "experiencia negativa" siempre se refieren a tu experiencia psicánica, al dolor mental y emocional, nunca al dolor físico a menos que se especifique "físico").

Hasta que comprendas que tus emociones son la única Felicidad o Infelicidad que existe y aprendas qué son, cómo funcionan, cómo descrear las negativas y cómo crear positivas; no comprenderás, ni podrás alcanzar la Verdadera Felicidad. Todo esto es lo que te estamos enseñando en los tres libros de la serie de Auto Terapia.

"experiencia negativa" siempre se refieren a tu experiencia psicánica, al dolor mental y emocional, nunca al dolor físico a menos que se especifique "físico").

Ley:

Tus propias emociones negativas son el único Infelicidad que existe para ti.
Tu Infelicidad nunca es lo que sucede (eventos externos),
sino lo que SIENTES (tus emociones) en relación con los eventos.

Nunca serás capaz de siempre controlar lo que ocurre.
Tú puedes aprender a siempre controlar tus emociones, y eso
es todo lo que necesitas para alcanzar la Verdadera Felicidad.

Experiencia Psicanica # 2: Pensamiento

Todas tus realidades mentales como pensamientos, recuerdos, ideas, conceptos, conocimiento, imágenes y visualizaciones mentales, creencias, programas, paradigmas, valores, determinaciones, opiniones, juicios. etc. Todos los pensamientos son formas de energía mental, realidades mentales, tus creaciones mentales.

Tu experiencia psicánica mental también incluye tus actividades mentales y operaciones tales como recordar, reflexionar, analizar, contar, calcular, contemplar, teorizar, especular, imaginar, diseñar y planificar.

La totalidad de tus realidades y operaciones mentales es la MENTE.
No existe la mente como entidad separada; solo estás tú-psican-conciencia-voluntad creando, manipulando y experimentando tus creaciones-realidades mentales. Sin embargo, continuaremos usando "mente" como si existiera tal cosa para referirse a tus operaciones y realidades mentales.

Experiencia Psicanica # 3: Identidades

Tus identidades son las realidades más poderosas de tu vida. Ellas determinan todos los otros aspectos de tu vida (a través de la Secuencia Causal). Tus identidades son tus creaciones (que se convierten en tus creencias) sobre lo que eres y lo que no eres. Comprenden tu autoimagen y determinan tu autoestima. Ellas forman tu SER, todo lo que estás siendo y lo que no estás siendo.

Este libro trata sobre aprender a descrear tus identidades negativas y recrearse a ti mismo en positivas, para así transformar tu voluntad y tu SER. Como tu SER es el único elemento causal en tu vida, recrear tu SER transformará toda tu vida. Esto funciona como magia, y veremos que es una ciencia exacta.

4- Experiencia espiritual

Tú eres un ser espiritual inmortal - término técnico "psican" - disfrutando de una Aventura Humana en la que tú-psican estás viviendo la ilusión de ser un humano. Tú-psican estás disfrutando de tu película humana (al igual que tú-humano vas a las películas de Hollywood por el drama). Tú eres el escritor, director y estrella de tus películas de Aventuras Humanas. Has bloqueado tu conciencia de tu verdadero SER espiritual porque tanta Sabiduría, Poder, Amor y Alegría arruinaría el Drama Humano para ti. Por lo tanto, pocos humanos tienen una verdadera experiencia espiritual, ni de ellos mismos como espíritus, ni como del Creador, Esencia de todo lo que es.

No tener una verdadera experiencia espiritual no es un accidente: es una creación, su creación. No puedes vivir verdaderamente la Experiencia Humana si sabes Quién Eres Realmente.

En psicánica y esencialidad, te detallamos cómo creaste tu "avidya", el Término del hinduismo y el budismo para la ignorancia espiritual de Quién Eres Realmente y cómo funciona realmente la vida. Una de las principales diferencias entre SHO (Seres humanos) y SHE (Seres espirituales Enlightened) es avidya versus la experiencia y el conocimiento de Quién Eres Realmente.

Cuando los humanos no tienen una conexión y comunicación real con Esencia, crean estructuras mentales, sistemas de creencias, es decir, religiones. Las religiones son un sustituto deficiente de la experiencia personal de Esencia, que es Amor-Alegría Infinita. **Siempre está a tu alcance recuperar tu experiencia espiritual** incluyendo la percepción y comunicación con el Uno Esencia de todo lo que es (es decir, Dios). Esencialidad es un sistema para recuperar tu experiencia de ti mismo como un "hijo de Esencia" capaz de percibir y comunicarse con Esencia. De nuevo, graduados de la Escuela de Esencialidad han alcanzado este nivel de conciencia.

Te presento las seis leyes de la experiencia, seguidas de una explicación:

1- **Toda tu experiencia es tu creación.** No hay nada en tus emociones, mente, identidades o comportamientos que tú no hayas creado. Tu Ilusión humana requiere que creas lo contrario: que tú **no** eres el creador de tu experiencia sino los eventos externos. Tu ignorancia y ceguera a tu Verdadero Poder Creador también es tu creación.

2- **Lo que has creado, lo puedes descrear** (hacer que no exista) para que puedas crear una experiencia positiva en su lugar. Tu Ilusión humana requiere que resistas tus realidades negativas para que persistan produciendo así una gran cantidad de Drama (TT) en tu vida.

3- **No puedes crear positivo sobre lo negativo ya presente en tu SER.** Primero debes descrear los negativos, sobre los cuales la voluntad positiva brillará sin oposición, fácil y permanentemente. En otras palabras, no funciona tratar de implantar creaciones positivas sobre negativas; las negativas siempre las atravesaran. Por tanto, cualquier terapia que se centre en intentar crear los positivos sin primero descrear los negativos tendrá resultados muy limitados. *(No conocemos ningún otro sistema de terapia que descree eficazmente los negativos).* Descrear los negativos no es tan difícil; estás aprendiendo cómo en este libro.

4- **Tus emociones son la única felicidad o Infelicidad que conoces.** Tu felicidad o Infelicidad (Infel) NUNCA es lo que sucede, sino lo que SIENTES, tus emociones, positivas o negativas, sobre lo que sucede (eventos). Como probaremos, los eventos externos **nunca** son la causa de tus emociones.

5- Tu felicidad (emociones) no depende de nada en tu mundo exterior. **Nada en el mundo externo causa tus emociones. NUNCA.** Siempre que sigas creyendo que los eventos externos determinan tus emociones y por lo tanto causan Infel o pueden producir tu felicidad, no podrás controlar tus emociones o ser mucho más feliz de lo que eres ahora.

6- **Lo único que tienes que hacer para ser feliz y vivir en paz en tu vida, es descrear tus masas de identidades-emociones negativas (Masas RIN)** que residen latentes en tu subconsciente y se siguen activando una y otra vez en tu experiencia-conciencia produciendo tu Infelicidad. Una vez que las identidades negativas se descrean, entonces es fácil crear y mantener identidades-emociones positivas que producirán las emociones positivas que son la felicidad. Nuevamente, te mostraremos cómo hacer todo esto en este libro.

Descreación de Realidades

Leyes:

La Creación consiste en realidades.
Las realidades causan experiencia.
La experiencia es el efecto de las realidades (sobre la conciencia).

Para cambiar tu experiencia, descrea la realidad causal y crea tu realidad deseada. En lugar de descrear la realidad negativa, los SHO resisten su experiencia negativa. Por lo tanto, viven resistiendo efectos en lugar de abordar y cambiar las causas. **La resistencia a tu experiencia negativa provocará la persistencia de esa experiencia.** Todo esto lo veremos con gran detalle más adelante, especialmente en el Libro 2. Comprender todo esto es crucial para tener poder sobre tu vida y tu felicidad.

Vida

Tu vida es tu experiencia. Tú SOLO conoce tu experiencia. No tienes nada más que tu experiencia. (Observa cómo los muertos no tienen experiencia, al menos de este mundo.)

Tu vida es un desfile de experiencias de cinco tipos, Seis Arenas:
SER → SENTIR → PENSAR → RELACIONAR / HACER → TENER (explicado en el siguiente capítulo). La única forma en que puedes no tener experiencia es no existiendo, y esto es imposible. Cuando mueres, tu experiencia humana deja de existir, pero tú-psican, la entidad de Voluntad-Consciencia que eres, continúa. Tú-psican es tan inmortal como Esencia: tú eres Esencia. Sin embargo, reencarnarás aquí, en la Tierra, hasta que descrees el Caparazón que te retiene aquí en el Teatro de la Aventura Humana.

El Imperativo Existencial

El Imperativo Existencial de la existencia humana es:

La motivación última de todo comportamiento humano es controlar
tu propia experiencia; para evitar o detener la experiencia negativa
(Infelicidad)
y producir experiencias positivas (placer y felicidad).

Lo ÚNICO que haces en la vida es intentar controlar tu experiencia.
Intentas evitar o detener las experiencias desagradables y producir
placenteras.
La motivación subyacente de todo comportamiento humano es la propia
felicidad.

Todo ser humano es 100% egoísta todo el tiempo y no puede ser de otra manera. (Podemos probar esto). Esto solo es un problema cuando una persona no comprende la verdadera naturaleza de la existencia y la felicidad. Por supuesto, esta ignorancia es el estado de todos los SHO. El resultado son todas las condiciones negativas, problemas y conflictos, y sufrimiento que tenemos en el planeta. Una vez más, nada de esto es accidental: la exploración de condiciones negativas e Infelicidad es el propósito de esta realidad, la Matrix.

Todos buscamos evitar o detener la experiencia negativa, la Infelicidad, y producir experiencias positivas, placer y felicidad. Las personas dirán que están motivados por muchas cosas, incluido el amor por los demás, pero en el último análisis científico, siempre están motivados, consciente o subconscientemente, por cómo creen que sus decisiones los harán sentir.

Las formas en que un ser humano normal intenta controlar su experiencia NO FUNCIONAN. No solo no funcionan, también persisten e intensifican la experiencia negativa y crean Drama (TT) e Infelicidad, para ellos mismos y para otros.

Juegos

Definición: **Juego: Un juego es todo el esfuerzo y lucha para superar obstáculos** y alcanzar una meta.

La vida es un juego. Cada actividad de tu vida es un juego. La Creación es un campo de juego. Los juegos son un tipo de experiencia muy rica, y la experiencia, como podrás recordar, es el Propósito de la Creación. La Creación es Esencia siendo la Creación y jugando con y en ella. Tú eres uno de los jugadores.

¡La esencia de un juego NO es el logro de las metas! No se trata de ganar. La esencia de un juego es toda la **experiencia** de luchar contra los obstáculos para superarlos. Recuerda: la Experiencia es el propósito de toda la existencia, de la Creación. La gran mayoría de la experiencia (el propósito de un juego) está en la lucha, no en conseguir la meta.

Cada vez que quieras algo, cada vez que establezcas una meta, cada vez que tengas una actividad con un propósito; estás participando en un juego. Los Juegos humanos comunes incluyen: educarse; trabajo, empleo y carrera; éxito; relaciones; casarse; tener y luego criar hijos; dinero y creación de riqueza; acumular posesiones y propiedades, mantenerse saludable, estatus social; y poder, fama y fortuna. Tú-psican eres un espíritu inmortal encarnando temporalmente en la Tierra para jugar Juegos, una forma de experiencia muy rica que - por favor, siempre recuerda - es el propósito de la Creación y tú has encarnando dentro de ella.

La esencia de un juego no es el objetivo. La esencia de un juego es la lucha para superar los obstáculos (a la meta). Nota cómo los deportes son el esfuerzo de los jugadores para superar obstáculos (a menudo los jugadores contrarios) y marcar el gol. Nota como las buenas películas son sobre la lucha de los héroes para superar grandes problemas y desafíos y lograr los resultados deseados. La esencia de tu experiencia de vida no son tus metas, sino todo lo que debes hacer para lograrlas. Las experiencias más ricas y duraderas de la vida son mucho más el HACER (el esfuerzo para lograr metas) que el TENER de las metas.

El concepto de Juego incluye películas. Las películas son historias de juegos. En buenas películas, el héroe siempre se enfrenta y lucha para superar los obstáculos para lograr algún objetivo. **Tu vida es tu Película Humana** y consta de todos tus juegos, todas tus metas en la vida.

Tu Vida y Todo lo que hay en ella, es un juego.

Tú-psican estás aquí en la Tierra para jugar juegos.

Condiciones del Juego

La mayor cantidad y más rica experiencia en un juego se produce durante el esfuerzo de superar el obstáculo. La experiencia de conseguir la meta, la celebración de una meta, es de secundaria importancia y es muy corta en comparación a la lucha contra el obstáculo.

Las Condiciones del Juego existen cuando tienes las circunstancias necesarias **para continuar un Juego al no poder ganarlo, por no poder producir los resultados deseados (metas).** Si logras tus metas, SE TERMINA EL JUEGO. ¿Ahora que vas a hacer para divertirte?

Las Condiciones del Juego existen cuando tienes un objetivo, un obstáculo para él y un equilibrio de poder entre el jugador y el obstáculo de modo que **el poder personal del jugador es insuficiente** para superar los obstáculos y lograr el objetivo. **Al no ganar tus Juegos, tú-psican mantienes tus** *Juegos=experiencias de desafío=experiencia de vitalidad*, aunque en su mayoría negativas. Recuerda, la experiencia es tu propósito: Tus Juegos (esfuerzo y lucha) son tu principal experiencia; ganar y perder son experiencias secundarias.

Como tú-psican, en Esencia, eres una entidad espiritual inmortal con el pleno Poder Creador de Esencia, debes contra-crear Quién Realmente Eres para ser un humano y vivir en Condiciones de Juego. De nuevo, en Psicánica y Esencialidad, detallamos cómo lo haces para que puedas revertir el proceso y transformarte para manifestar tus resultados deseados en la vida en lugar de Condiciones de Juego.

Para comprender mejor el Juego y las Condiciones de Juego, debe entender Drama (TT). (Usaremos con "D" mayúscula "Drama" para recordarle que es un TT con una definición muy específica en Psicánica.)

Ley de la Experiencia

El principal propósito experimental de los Juegos y las Condiciones de Juego es Drama (TT).

Drama

**El propósito de Los Juegos es La Experiencia.
Una de las formas más ricas de Experiencia es el Drama.**

¿Tiene mucho drama en tu vida? ¿Es tu vida dramática?

El Drama es un concepto importante en Psicánica y la Experiencia Humana. Tú-psican como SHO está (inconscientemente) creando Drama en tu vida, lo que significa que estás creando **no-TENER** tus resultados deseados en muchas áreas de tu vida. Tú estás saboteando tu Poder innato de Manifestación para crear y mantener Condiciones de Juego que producen Drama en lugar de resultados.

DRAMA (TT) es toda la experiencia variada y rica, *en su mayoría negativa,* que saboreamos durante un Juego (y por lo tanto en películas).

Drama incluye: esfuerzo, lucha, problemas, conflictos, incertidumbre, duda, suspenso, frustración, impotencia, impaciencia, ansiedad, miedo, ira, rabia, desesperación, depresión, aliados y enemigos, lealtad y traición, perder y ganar, victoria y derrota, fracaso, tristeza y dolor, júbilo y falta de esperanza, arrepentimiento, culpa, rendirse o perseverancia, etc.: una gran variedad de sabrosas experiencias.

El propósito de la Creación es la Experiencia. El Drama es un tipo de experiencia muy rica, aunque en su mayoría negativa. Según las Leyes de Polaridad, debes alternar tu polaridad de experiencia para refrescar y renovar tu capacidad de saborear y apreciar tu experiencia. Nota que si tu experiencia fuera positiva todo el tiempo, eventualmente te aburrirías de ella. La verdad es que, como ser espiritual, buscas alternar tu experiencia. Buscas ambos polos positivo y negativo; una todo el tiempo eventualmente sería aburrido, incluso insoportable. Buscas desafío y emoción, es decir, condiciones de juego y drama.

Drama es principalmente Infelicidad

Observa que el Drama incluye todas las emociones negativas, **por lo tanto, es principalmente Infelicidad,** intercalado con breves celebraciones al lograr alguna meta.

El Propósito de los Juegos (y películas) es Drama.
El propósito de la Aventura Humana es
para explorar y saborear el Drama.

¿Es tu vida dramática? ¡Felicidades! Tú eres un creador poderoso y exitoso de Drama. Tú-psican encarnaste en el Juego Humano para el Drama. Tú te creas y mantienes en *Condiciones de Juego → Drama* suprimiendo tu innato Creador Poder divino para que no puedas, de manera rápida y fácil, manifestar tus resultados / metas deseadas en la vida. Por lo tanto, mantienes el Juego en marcha y el Drama como resultado.

Los Seres humanos Ordinarios (SHO) están creando Drama *inconscientemente* en lugar de resultados. Los Seres Humanos Enlightened (SHE) saben Quién Realmente Son, entendiendo la vida y cómo funciona la creación, y crean *conscientemente* resultados, serenidad, amor y alegría en lugar de Drama.

Cómo Tú Creas y Mantienes el Drama

Creas y mantienes Drama en tu vida manteniendo las Condiciones de Juego que es todos los esfuerzos para superar los obstáculos. Para mantener las Condiciones de Juego y por lo tanto, mantener el Drama en marcha, no debes alcanzar tus objetivos. Mientras no alcances una meta, el Juego continúa y así continúa el Drama.

Si alcanzas una meta es **Fin del Juego** que es el **Fin del Drama.** Lástima; ¿ahora que vas a hacer para experimentar? Tendrías que encontrar otro Juego. Es mejor mantener los viejos en funcionamiento el mayor tiempo posible y sacar todo el Drama posible de ellos. Así, luchamos con los mismos objetivos (Juegos) durante años y años = Drama de toda la vida. Ejemplos de Dramas comunes de humanos incluyen salud, éxito, dinero, relaciones y felicidad.

Los seres humanos ordinarios (SHO) están jugando Juegos inconscientemente mientras sabotean sus Resultados para que el Juego continúe y puedan saborear el drama. Por supuesto, si confrontas a la mayoría de la gente con este hecho, ellos negarán que están creando Drama en lugar de resultados, cuya negación en sí misma también es un gran Drama.

Una de las formas fundamentales en las que tú-psican puedes crear y mantener Drama es negando y no sabiendo que tú eres el creador. Negar que eres creador mata tu poder personal. (Definición: Poder (TT) La capacidad de producir tus resultados deseados.) Si fueras un Creador Poderoso, manifestarías tus metas rápidamente y se acabaría el juego. En el Libro 2, tendremos capítulos sobre Creador y Responsabilidad. Hasta que reconozcas y tomes responsabilidad de que tú eres el creador de tus Dramas, no tendrás Poder para salir de ellos y tener Resultados. La negación de ser el creador de tus Dramas te mantiene en Drama.

No Resultados → ¡El Drama NO es Malo-NDS!

Definición: Malo-SNB: acrónimo de **Malo = No Debe Ser.** Malo es cualquier cosa que haya decidido que no debe ser, no debe existir o no debe existir como es. Su opinión sobre Malo-NDS *aparentemente* justifica su uso de energía negativa para atacar y detener, cambiar, castigar o destruir esa realidad Malo-NDS. Su energía negativa psicánica (como la ira) es tu única Infelicidad en la vida. Toda tu Infelicidad en la vida proviene de tus creaciones (opiniones) de Malo-NDS.

Malo-NDS es una alucinación: no hay nada Malo-NDS en toda la Creación. Por lo tanto, generas tu Infelicidad y sufres porque alucinas. Explicaremos esto completamente en el Libro 2.

¡El Drama y la Infelicidad NO son **Malos-NDS!** Son experiencias válidas y ricas. La Creación sería más pobre sin ellos. Tú-psican viniste a la Tierra, a la Experiencia Humana, para explorar y disfrutar el Drama y la Infelicidad. No hay nada que sea Malo-NDS; todo es una experiencia válida. El propósito de la creación es TODAS las experiencias posibles, sin excepción. Hay dos razones por las que nada es Malo-SNB:

1. Como el lado de la polaridad negativa de la felicidad, el Drama y la Infelicidad deben existir. Además,
tú-psican debes explorar el Drama y la Infelicidad en algún momento de tu existencia para apreciar la felicidad y la paz (esta es una ley de polaridad). Sin embargo, ahora como ser humano, has tenido muchas vidas en el Drama y la Infelicidad y no necesitas continuar viviendo en ellos cuando hayas tenido suficiente de eso y sepas cómo salir (que es lo que le estamos enseñando en este libro).

2. En segundo lugar, toda experiencia negativa (el Drama y la Infelicidad) es rica y válida. La Creación es divinamente diseñada para incluir absolutamente todas las posibilidades y variedades de experiencia incluyendo todas las polaridades y todos los negativos. La Creación se empobrecería si no hubiera experiencias negativas. De hecho, no podría funcionar en absoluto como veremos cuando lleguemos a las Leyes de la Polaridad.

Tú-psican encarnó en la Tierra para explorar el Drama y la Infelicidad, que son la polaridad negativa de Sabiduría, Poder, Amor y Alegría, tu naturaleza divina. Para venir a la Tierra y ser humano y disfrutar del Drama y de la Infelicidad, tú-psican tuviste que contrarrestar tu naturaleza espiritual de Esencia, Sabiduría, Poder, Valía, Bondad (SPVAB). Tenías que encerrarte en realidades psicanicas, en masas psicanicas, para reducir tu conciencia a la de un ser humano (muy bajo en las escalas Cósmicas del SER).

No puedes explorar el Drama en tu verdadera naturaleza psicánica (espiritual): tú eres muy sabio y poderoso. En tu verdadera naturaleza psicánica tú eres Esencia; Sabiduría, Poder, Valía y Bondad, abreviados SPVAB.

Tú contra-creaste tu SPVAB con RINs: Realidades de Identidad de Esencia Negativa. Estas identidades son la raíz de todos tus Dramas e Infelicidad en la vida. Este libro habla de:

1- cómo encontrar tus contra-creaciones de Esencia en tu subconsciente.
2- como descrearlos usando la Tecnología Psicanica de Transformación de Ser (TTS).
3- como recrearte a ti mismo en identidades positivas que afirmen tu naturaleza espiritual de SPVAB: Sabiduría, Poder, Valía y Bondad.

Cambiar tu SER transformará tu vida entera en Sabiduría, Poder, Resultados, Amor y Alegría.

Control de tu experiencia

El Imperativo Existencial declara que la motivación subyacente de todos tus esfuerzos y comportamientos en la vida es controlar tu experiencia. Sin embargo:

Nunca podrás controlar
siempre tus eventos y circunstancias externas.

No puedes controlar lo que otros hacen y dicen, ni muchos de los eventos de la vida (accidentes, enfermedades, pérdida del trabajo, divorcio, etc.). La naturaleza de la vida para todos, no importa cuán poderosa o rica sea una persona, es que algunos ganan y otros pierden.

Sin embargo:

Siempre puedes controlar tu experiencia psicánica interna: tus emociones, pensamientos y sobre todo tus identidades
(que determinan tu autoimagen y autoestima).
Todas estas son tus creaciones.

Controlar tu experiencia psicánica es
lo único que debes hacer para ser verdaderamente feliz (TT).

Controlar tu experiencia psicánica es lo único que
PUEDES hacer para ser verdaderamente feliz, y es lo único necesario.

Tus Emociones

Tus propias emociones negativas (abreviado emo-neg**) son la única Infelicidad** que existe para ti. Tu felicidad o Infelicidad en la vida *nunca* es lo que es, o ocurre, en tu vida, sino **cómo te SIENTES** en relación con los eventos. (Veremos más adelante que es, en realidad, quién ERES en relación con los eventos y cómo tu SER determina tu SENTIR.)

Un ejemplo simple: El padre de una persona muere (un evento). Algunas personas llorarán cuando muera su padre; otros se alegrarán (odiaron a su padre, o tendrán una herencia); otros son indiferentes. Mismo evento, tres experiencias diferentes. Tu felicidad o Infelicidad son tus SENTIMIENTOS, no el evento.

**Tu única Infelicidad en la vida son tus propias emociones negativas.
Tus emociones negativas son tu única Infelicidad en la vida.**

**Tu Infelicidad nunca son los eventos, sino cómo te
SIENTES en relación con los eventos.**

Causa de tu experiencia psicánica

Las cosas y eventos externos causan tu experiencia del mundo físico. De la misma manera, tus realidades psicánicas internas causan tu experiencia psicánica. Tú-psican estás viviendo en un Caparazón de energía que contiene millones de realidades psicánicas que actúan sobre tú-conciencia para generar tu experiencia psicánica, incluida tu experiencia de ser solo un ser humano.

Tú-psican vives en un universo psicánico tal como tú-humano vives en un universo físico. Ambos universos consisten en realidades que causan experiencia. Sin embargo, no hay una relación causal entre el universo físico (UF) y tu universo psicánico (UP).

Los eventos externos NUNCA son la causa de tu experiencia psicánica, de tu SENTIR = tus emociones. Los eventos externos NUNCA son la causa de tu Infelicidad, ni tampoco podrán producir nunca tu felicidad. Ninguna cantidad de dinero o cosas externas pueden producir Felicidad Verdadera, buenas relaciones o amor-alegría. Ninguna cantidad de riqueza externa puede compensar tus realidades internas negativas psicánicas que provocan todas tu Infelicidad en la vida.

**Los eventos externos NUNCA son la causa de
tu experiencia psicánica interna.**

No hay alambres, cables, control remoto, wi-fi, Bluetooth, telepatía, brujería o vudú entre el universo físico y tu mundo interior psicánico. De la misma manera que nadie puede hacerte creer o pensar cualquier cosa, cambiar de religión o de política; nada externo causa o puede causar tus sentimientos y emociones.

Nada externo en tu vida causa tu experiencia psicánica.

Las energías inferiores (energía física y materia) nunca controlan energías superiores (las psicánicas). Las superiores controlan a las inferiores: por ejemplo: tu voluntad es tu energía más alta y puede controlar tus energías más bajas de pensamientos y emociones (estás aprendiendo cómo en este libro). Tu voluntad puede incluso manifestar cosas y eventos en tu vida física.

Si los eventos causaran una experiencia psicánica; todos tendrían la misma experiencia para el mismo evento. Lo contrario es cierto: para cualquier evento dado, la experiencia humana variará mucho, de muy negativa a muy positiva. Esta es la Ley de Consistencia de Causa que veremos más adelante.

Si los eventos fueran la causa de la experiencia psicánica, no habría esperanza de Felicidad Verdadera. Nadie puede controlar siempre los eventos, y la vida es una polaridad: siempre hay eventos positivos y negativos para cada persona.

La vida es un desfile de eventos. Siempre algunos son positivos y otros negativos de cualquier POV (punto de vista). El desfile de tu vida se desarrollará a su propia forma, solo tienes una influencia limitada. **Tu trabajo es ser FELIZ, estar en paz y disfrutar de la Vida.** La vida NO es el problema de tu felicidad; la falta de poder sobre tus emociones lo es. Tu problema con la felicidad no es lo que pasa en la Vida, sino comprender cómo tu experiencia psicánica funciona y tomar el control de ella.

La Causa Verdadera de la Infelicidad

En este libro te mostraremos exactamente qué causa tus emociones negativas, tu Infelicidad y cómo descrearlos para lograr la Verdadera Felicidad. La Verdadera Causa de tus emociones negativas son tus Realidades de Identidad de Esencia Negativa, tus RIN. *(Se explicará en su propio capítulo).*

Esta es una gran noticia porque **para ser feliz, solo necesitas controlar tu experiencia psicánica, tus identidades y emociones.** No necesitas controlar el mundo externo y sus eventos, que son imposibles de controlar de todos modos. Y cuando aprendas a controlar tu experiencia psicánica, encontrarás que tienes mucho, mucho más control sobre tu mundo externo, incluyendo tus relaciones y tu poder para manifestar lo que quieres en tu dimensión física.

No puedes controlar tu mundo externo (UF) hasta que aprendas a controlar tu mundo interno (UP). Tu UP determina tu UF como lo muestra la Secuencia Causal.

Revisión de Términos Técnicos de Psicánica

Felicidad Verdadera: un estado de emociones positivas (paz, satisfacción, entusiasmo, pasión, alegría, amor, etc.) casi todo el tiempo, sin verse afectado por eventos externos, fama o fortuna. La verdadera felicidad es un estado de SER y SENTIR (SER-SENTIR) a prueba de eventos y condiciones externas.

Infelicidad: La Infelicidad incluye todas las emociones negativas: ira, frustración, impotencia, ansiedad, miedo, culpa, pena, arrepentimiento, resentimiento, soledad, odio y depresión, por nombrar algunas. Infelicidad es el polo opuesto de la felicidad. Sinónimos: emoción-neg, emo-neg. La Infelicidad en psicánica siempre se refiere a experiencias psicánicas negativas, dolor mental y emocional, a menos que se especifique dolor o sufrimiento físico.

Activación: el disparo y salto de una masa RIN del subconsciente a la conciencia-experiencia. Se siente principalmente como emo-neg, pero la RIN está siempre dentro de la emo-neg. Sinónimo: MOD: Momento de Dolor (Dolor).

MOD: Momento de Dolor: Sinónimo de activación: el movimiento de una masa de emo-neg desde tu subconsciente a tu conciencia=experiencia.

Eventos externos (o simplemente "eventos"): una palabra muy general que significa cualquier cambio o movimiento en tu vida exterior, en tu universo físico. Un evento puede ser cualquier cosa que alguien diga o haga, la llegada o pérdida de algo de tu vida, así como cualquier situación o circunstancia en curso. Algunos eventos son eventos desencadenantes que activan MODs.

Evento desencadenante, o simplemente "botón": cualquier evento (negativo="malo" en las opiniones de la persona activada) que enciende un MOD al activar una masa RIN que brinca del subconsciente a la conciencia-experiencia. La activación MOD es experimentada principalmente como emo-neg=Infelicidad, pero el RIN siempre está ahí.

Juego: Todo esfuerzo y lucha para superar obstáculos (para alcanzar una meta). La esencia de un Juego, la gran mayoría del tiempo y la experiencia está en la lucha, no la meta. El propósito de un juego es saborear la lucha y el Drama resultante. El propósito de toda su encarnación humana es jugar el Juego Humano y así explorar y saborear Drama e Infelicidad. En tu Esencia, tú eres demasiado sabio y poderoso para jugar Juegos; debes contrarrestar tu Esencia con identidades negativas.

Drama: Toda la variada y rica experiencia, en su mayoría negativa, que saboreamos durante la batalla contra los problemas y obstáculos que son el Juego. El Drama incluye todas las emociones negativas. Drama incluye esfuerzo, lucha, problemas, conflictos, incertidumbre, duda, suspenso, frustración, impotencia, impaciencia, ansiedad, miedo, ira, rabia, desesperación, depresión, aliados contra enemigos, perder y ganar, victoria y derrota, fracaso, tristeza y lamento, júbilo y falta de esperanza, arrepentimiento, culpa, renuncia o perseverancia, aliados y enemigos, etc.: una gran variedad de experiencias sabrosas. Ten en cuenta que el Drama es principalmente una experiencia negativa, ergo Infelicidad.

Condiciones de Juego: Mantener un juego y por lo tanto su drama al no poder ganar el Juego. La mayoría de los humanos están en Condiciones de Juego → Sin resultados → Drama y Infelicidad la mayor parte del tiempo.

Resultados: Resultados es alcanzar las metas propias; conseguir lo que sea que una persona esté intentando manifestar en su experiencia, psicánica o física. Los resultados son Fin del Juego y por lo tanto Fin del Drama. Ningún resultado mantiene las Condiciones de Juego → Drama. Producir los resultados deseados conduce a una vida de tranquilidad y satisfacción en lugar de Drama e Infelicidad

En la vida, puedes tener Drama o puedes tener Resultados, pero nunca ambos. La elección predeterminada del SHO es Drama. Tú-psican llegas a esta realidad programado para mantener las Condiciones de Juego y crear Drama. (Esta programación está en tu Caparazón.) Para cambiar tu vida a Resultados, debes decidirte a hacerlo y aprender cómo, que es lo que enseña la psicánica.

Poder, **poder personal:** Tu habilidad de producir resultados deseados en cualquier Arena de la Vida. La mayoría de las personas tienen su poder suprimido para mantener condiciones de Juego y Drama. Demasiado poder y no podrá jugar Juegos; superaría el obstáculo y produciría el resultado deseado con demasiada facilidad y rapidez.

6. Tus Seis Arenas de Experiencia

Para la persona común que vive en la condición humana universal de Drama y Infelicidad, su mundo interno parece ser aleatorio, caótico y fuera de control. Sin embargo, esa no es la naturaleza de nuestra vida interior per se, sino más bien la falta de comprensión de cómo opera.

Así como el universo físico externo opera "científicamente", es decir, por causa→efecto y por leyes y principios; también funciona el mundo interno de emociones, pensamientos y relaciones. Todo en tu experiencia psicánica, ya sea Felicidad o Infelicidad, es causa→efecto. Tu mundo interno es un mecanismo tan fino como cualquier computadora. Si tu computadora no está produciendo los resultados deseados, se sabe que hay un problema con el hardware o el software. De la misma manera, si tu vida no es de tu agrado, si es problemática, infeliz, incluso dolorosa; es porque tiene errores en el software con el que se está operando. Toda experiencia psicánica es el efecto de las energías psicánicas en tu conciencia. Puedes controlar esas energías.

Las Seis Arenas (TT) de la vida

**Todo en tu vida cae en una de las
Seis Arenas de Experiencia; las Seis Arenas de la Vida.**

Cada Arena comprende un tipo diferente de energía. Piensa en tu vida como un circo, pero en lugar de tres pistas, hay cinco: tu vida es un circo de cinco pistas. Todo en tu vida ocurre en una de estas seis áreas.

Las seis arenas de la vida son:

SER, SENTIR, PENSAR, RELACIONAR & HACER, TENER

Sinonimos para cada Arena son:

Identidades, Emociones, Pensamientos, Relaciones & Comportamientos, Resultados.

Ilustración: Las Seis Arenas de la Experiencia Humana

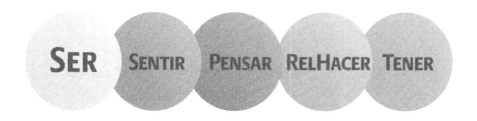

Las primeras cuatro Arenas: SER, SENTIR, PENSAR y RELACIONARSE son energías psicánicas=transfísicas que tú-psican puedes experimentar "internamente", directamente en tu conciencia (a diferencia de la experiencia física "externa" que llega a través de tu cuerpo). Son trans-físicos porque no puedes capturarlos, medirlos o detectarlos (tu ser, emociones, pensamientos y energías de relación) con instrumentos físicos. Estos primeros cuatro reinos de energías no provienen del universo físico ni de tu cuerpo. Tus experiencias psicánicas (trans-físicas) ocurren directamente a tú-psican, a tu conciencia. (La conciencia, recuerda, es tu poder de experimentar; de percibir y sentir energías-realidades, tanto psicánicas como físicas).

Tus experiencias trans-físicas incluyen:
- ➢ tus identidades = SER (que producen tu autoimagen y autoestima),
- ➢ tus emociones = SENTIMIENTOS,
- ➢ tus pensamientos = PENSAMIENTO (todo en tu mente), y
- ➢ RELACIONAR, todas las energías de relación (comunicación, armonía y amor, o problemas y conflictos).

Llamaremos a todas estas tus energías **psicánicas** y tu experiencia **psicánica**, para distinguirlas de tus experiencias físicas del mundo exterior que percibes a través de los cinco sentidos de tu cuerpo.

Nota sobre las relaciones: Los cuerpos, los abrazos, el sexo, etc. son físicos, pero tus relaciones con los demás son de naturaleza psicánica. Los ejemplos incluyen: gustar y disgustar, prestar atención o ignorar, aceptación o rechazo, comunicación, armonía o desarmonía, apoyo o sabotaje, amor, ira u odio. Todas estas son energías-experiencias trans-físicas en la relación. Por lo tanto, consideramos **las relaciones psicánicas en lugar de físicas.**

Definición: Psicánica: todas las formas de energía→experiencias que tú-voluntad-conciencia, percibes directamente en tu conciencia. No provienen del universo físico ni a través del cuerpo; son una dimensión superior de la energía. Tus energías psicánicas incluyen tus identidades, tus emociones y sentimientos, todas las formas de pensamiento, todo en tu mente y memoria, y el contenido y significado de tus comunicaciones y tus experiencias no físicas de otros en sus relaciones.

**Ilustración: Tus Cuatro Arenas de Experiencia Psicánica y
Dos arenas de experiencia física
(separando RELACIONAR y HACER en dos arenas).**

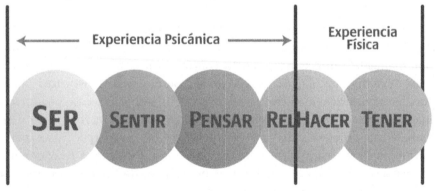

No hay nada aleatorio o accidental en tu experiencia en cada Arena; todas trabajan de acuerdo con leyes y principios. La física son las leyes del universo físico (UF); psicánica las leyes de tu universo psicánico (UP). Cada Arena es una polaridad; cada Arena tiene experiencias positivas y experiencias negativas. Nuestro propósito es enseñarte cómo controlar tu experiencia en las cuatro Arenas de tu UP (Universo Psicánico).

Todas tus experiencias psicánicas son tus creaciones. El universo físico externo no tiene el poder para crear nada en tu universo psicánico interno. Lo que has creado, puedes descrearlo. Tú-psican puedes eliminar cualquier experiencia negativa en tu vida interior. La Tecnología de Transformación del Ser (TTS) es un procedimiento de precisión para hacerlo.

Una introducción a cada arena

Tu **TENER** son todos tus resultados en el mundo material:
- Cuerpo y salud
- Carrera o negocio
- Dinero, Inversiones, finanzas
- Casa y propiedades
- Vehículos y otros bienes
- Ropa, herramientas, joyas, etc.

De particular interés son:

1. TENER Negativo: Lo que TIENES que no quieres, pero no has podido eliminar (como deudas, problemas de salud, sobrepeso, un trabajo que odias, una relación que quieres dejar).
2. TENER deseado: Lo que desea pero no ha podido manifestar, como una relación o cónyuge, mejor trabajo, más dinero, viajes, más tiempo libre, mudarse a un mejor vecindario, etc.

Tu HACER son todas tus acciones y comportamientos. Los ejemplos de HACER incluyen:

HACER Positivo:
- Desempeño laboral y productividad
- Cumplir tu palabra
- Ser puntual
- Escuchar atentamente
- Cuidar a tu familia
- Hacer el amor y sexo
- Hacer ejercicio regularmente
- Honestidad

HACER Negativo:
- Irresponsabilidad
- Flojera, posponer

> ➢ Adicciones (alcohol, tabaco, drogas, apostar, sexo, pornografía, compras, etc.).
> ➢ No hacer ejercicio
> ➢ Comer en exceso, comer comida chatarra
> ➢ No cumplimiento de palabra
> ➢ Impuntualidad
> ➢ Todas las demás cosas que sabes que son malas para ti o para los demás, especialmente aquellas que no has podido dejar de HACER: compulsiones, obsesiones y adicciones.
> ➢ Todas las cosas que te gustaría HACER, pero tienes resistencia o bloqueo para HACER (hablar en público, cambiar de trabajo, divorciarte, iniciar un negocio, bloqueo de escritor, etc.)

Tu RELAR

RELAR es un caso especial de HACER. RELAR es todo tu hacer con otras personas, tus comportamientos en tus relaciones. Tu RELAR incluye:

1. Lo que dices y cómo lo dices;
2. Cómo tratas a los demás: con energía positiva (amor) o energía negativa (anti-amor); y
3. Cómo respondes positivamente (amorosamente) o reaccionas negativamente (anti-amorosamente) al trato que te dan, particularmente cuando te tratan con energía negativa.

Tu RELAR positivo incluye: escuchar atentamente (sin juicios), comunicación precisa, paciencia, serenidad, comprensión, cuidado, consideración, todas ellas son formas de amor.

Tu RELAR negativo incluye: invalidar a los demás, criticar, juzgar, regañar, no mantener tu palabra, enojarte, retraerte, ley del hielo o castigarlos de otra manera. RELAR-neg incluye tratar de controlar o manipular a otros, lo que incluye culpabilizarlos (hacer que se sientan culpables para que hagan lo que tú quieres). Todas estas son formas de amor-negativo, también conocido como anti-amor.

Tu RELAR determina la calidad de tus relaciones. Si usas energía negativa de cualquier tipo, sin importar tu excusa, espera energía negativa de la otra persona.

Ley del amor:
>Si deseas alcanzar la Verdadera Felicidad,
>dar energía negativa NUNCA está justificado.

Ley de Relaciones:

>No esperes que la otra persona cambie hasta que tú lo hagas.
>y entonces no necesitarás que la otra persona cambie en absoluto.

>Otros generalmente cambiarán cuando tú lo hagas porque
>has cambiado la dinámica energética de la relación.

Si necesitas que la otra persona cambie para mejorar la relación o ser más feliz, ignoras cómo funciona el amor, la felicidad y las relaciones. La verdadera felicidad es impermeable a los eventos externos y no necesita nada de los demás. No se ve afectado por los comportamientos de otros ni tiene programas o demandas sobre cómo deben ser.

Tu PENSAR

Tu Arena de PENSAR es todo lo que ocurre en tu mente. Tu PENSAR incluye tus ideas, conceptos, deseos, metas, planes, sueños, recuerdos, opiniones, conocimientos, aprendizajes, inteligencia, valores, creencias, dogmas, programas, paradigmas, visiones, imaginación, creatividad, por nombrar algunos.

Como en todas las Arenas, tu PENSAR puede ser positivo o negativo.

Tu mente es compleja y requiere, no un capítulo, sino su propio libro para explicar cómo funciona. En este libro, cubriremos solo unos pocos aspectos de tu mente que son críticos para tu poder de descrear realidades.

NOTA: PENSAR, RELAR, HACER y TENER se explican en el Libro 3. Simplemente hay demasiada información para caber en este Libro 1 o Libro 2. Este Libro 1 cubre solo SER y SENTIR, y la descreación de RINs; lo que necesitas para empezar a transformar tu vida con la Tecnología de Transformación del Ser

Tu SENTIR

Tu Arena de SENTIR son todas tus emociones, tanto positivas como negativas.

- El SENTIR positivo incluye todas las emociones positivas: paz, serenidad, atracción, alegría, satisfacción, interés, entusiasmo, deleite, alegría y éxtasis, por nombrar algunas. Tus emociones positivas son la única felicidad que existe.

- Tu SENTIR negativo incluye TODAS las emociones negativas, desagradables o dolorosas. Las emociones negativas incluyen: aversión, ira, miedo, ansiedad, preocupación, culpa, arrepentimiento, resentimiento, odio, tristeza, dolor, pena, aburrimiento, apatía, vacío y depresión, entre otras. Es Infelicidad, la única Infelicidad que existe.

Algo que repetiré a lo largo de este libro: Tu Infelicidad nunca es lo que sucede, sino cómo te SIENTES con lo que sucede, tus emociones. Nunca podrás controlar lo que sucede; pero siempre puedes controlar cómo te SIENTES al respecto. Esto lo haces eliminando todas tus emociones negativas y creando emociones positivas permanentes, y eso es todo lo que se necesita para la Verdadera Felicidad.

Ley de la Felicidad

**Tu ÚNICA Felicidad<>Infelicidad en la vida
son tus propias emociones.**

**Tu Infelicidad en la vida NUNCA es
lo que sucede, sino cómo te SIENTES en relación a lo que sucede.**

El secreto de la Verdadera Felicidad todo el tiempo sin importar lo que pase es controlar tus emociones. Controlar el mundo externo de los eventos, incluido lo que otros dicen y hacen, es imposible. Con la Tecnología de Transformación de Ser (TTS), puedes descrear todas tus emociones negativas, dinamizar y hacer fuertes y permanentes las positivas, y así alcanzar la Verdadera Felicidad.

Tendremos más que decir sobre el SENTIR, sobre tus emociones, en su capítulo.

Tu SER

Tu SER comprende todo lo que estás SIENDO (que también está delimitado por todo lo que no estás SIENDO). Tu SER es la suma total de tus identidades. Tus identidades son tus declaraciones, creaciones, del Ser; de lo que eres y lo que no eres. Solo hay cuatro áreas importantes de identidades: Sabiduría, Poder, Valía y Bondad (abreviado SPVAB).

Como con todas las Arenas de la Secuencia Causal, las identidades y el SER son polaridades. Tus identidades positivas afirman tu Sabiduría (inteligencia), tu Poder para producir los resultados deseados, tu valor propio y tu Bondad y Amabilidad (SPVAB).

Tus identidades negativas contra-crean tu SPVAB (Sabiduría, Poder, Valía, Bondad). Tu SER negativo que consiste de tus identidades SPVAB negativas es la causa raíz de todas tus dificultades e Infelicidad en la vida. Eres el creador de tus IDs-SER-Yo negativas; lo que has creado lo puedes descrear. Y ese es nuestro objetivo con la Tecnología de Transformación de Ser (TTS): que aprendas a descrear tus identidades negativas y así transformar tu SER de negativo a positivo. Esto transformará tu vida.

Ejemplos de tus polaridades de identidad son sus creaciones de tí mismo, tales como:
"Soy inteligente <> No soy inteligente".
"Soy capaz <> soy incapaz."
"Soy fuerte <> Soy débil".
"Soy un éxito <> Soy un fracaso".
"Soy valioso <> No soy valioso".
"Soy una buena <> Soy una mala persona/padre/cónyuge/hija, etc.".

Tus identidades pueden parecer meros pensamientos o creencias, pero no es así. Tus identidades negativas son grandes masas de energía en tu subconsciente que requieren horas de procesamiento de energía psicánica, de la Tecnología de Transformación del Ser (TTS), para descrearse por completo. No son pensamientos o creencias que simplemente puedes cambiar a voluntad, ni encubrir con afirmaciones.

Tenemos un capítulo completo sobre las identidades.

Para cerrar este capítulo: ¿Puedes pensar en algo en tu experiencia humana que no caiga en una de las Seis Arenas?

7. La Secuencia Causal

Aquí es donde comienza la magia.

Las Seis Arenas de la Vida (SER, SENTIR, PENSAR, RELACIONAR y HACER, TENER) no son independientes y mucho menos aleatorias. Por el contrario, existen y operan en un orden exacto, de Causa ➜ Efecto.

Las Seis Arenas forman la:

SECUENCIA CAUSAL de la VIDA:

SER ➜ SENTIR ➜ PENSAR ➜ RELAR y HACER ➜ TENER

Estos son equivalentes a:

IDentidades➜Emociones➜Mente➜Comportamientos y Acciones➜Resultados

Secuencia Causal de la Vida

SER → SENTIR → PENSAR → RELHACER → TENER

Rel-Hacer= Relación y Hacer

Sinónimos:
Identidades→Emociones→Mente→Acciones→Resultados

SER   SENTIR   PENSAR   RELHACER   TENER

CAUSA   EFECTO

La abreviación de la Secuencia Causal es: SSPRHT

Son una secuencia causal porque los elementos de la izquierda determinan los elementos a la derecha (como indica la flecha).

Nota: Para mayor claridad, usaremos todas las letras mayúsculas cuando nos referimos a cualquier elemento de la Secuencia Causal; p.ej. SER; TENER, SENTIR; etc.

Tu vida consiste en Secuencias Causales.

Cada situación en tu vida tiene su Secuencia Causal y siempre inicia en tu identidad, en tu estado de SER. El secreto para tener poder sobre tu vida es que puedes cambiar tu SER y eso cambiará automáticamente todos los demás elementos en esa secuencia causal.

Ejemplo de una Secuencia Causal: Relaciones: cada interacción en una relación es una Secuencia Causal. Si estás TENIENDO resultados negativos en una relación (es decir, problemas, conflictos), entonces tienes una secuencia causal como esta:

SER: Estás (inconscientemente) operando en un estado negativo de SER, una identidad negativa. *(Esto es lo que estás aprendiendo a encontrar en tu subconsciente y cambiar).*

SENTIR: Esa identidad negativa está generando tu SENTIR negativo, emociones negativas (es decir, frustración, ira, etc.). *TODAS tus emociones negativas provienen de tus IDentidades negativas, sin excepciones.*

PENSAR: Estás creando algunos pensamientos negativos (conscientes o no) como invalidar a la otra persona, PENSAR que tienes razón y ella está equivocada; ellos tienen la culpa; deben cambiar. Los tienes como los personajes "malos o villanos" de tu película de relaciones.

RELAR y HACER: Como PIENSAS que son la causa "mala" del problema, los atacas abiertamente o sutilmente con energía negativa (como ira, críticas, recriminaciones) en la forma en que te comunicas y en cómo los tratas. Dices cosas negativas; discutes; tratas de controlarlos y cambiarlos, lo que siempre es anti-amor.

TENER: Todo esto produce tus RESULTADOS negativos, tu TENER negativo, de problemas y conflictos en la relación. Naturalmente, la otra persona resiste tu energía negativa, se defiende y te contraataca con sus energías de amor negativo. Tus resultados, tu TENER, es una relación de mala calidad.

Para ver esto, pregúntate: ¿En qué parte de mi vida otros me atacan con energía negativa? Sin embargo, la respuesta no es importante. Lo que es importante es ¿estás respondiendo con amor o con anti-amor (energía negativa)?

Lo importante es: ¿Dónde estoy atacando a otros con energía negativa, tratándolos con algo menos que amor, paciencia, comprensión, reconocimiento, aliento y gratitud? ¿Quién soy yo que me estoy comportando tan anti-amorosamente? Luego puedes rastrear tu HACER negativo hasta tu identidad causal negativa, cambiarla a positivo, y cuando lo hayas hecho, dejarás de tratarlos negativamente.

> Definiciones: El amor por los demás es lo que HACEMOS, cómo los tratamos; NO lo que sientes. El amor es una polaridad. El amor (positivo) es todas las formas de energía positiva. Amor-neg, también conocido como anti-amor, es todas las formas de energía negativa.

> Ley del Amor: El amor negativo NUNCA está justificado. El amor nunca usa energía negativa; no sería amor si lo hiciera.

¿A quién profesas amar, pero usas energía negativa en ellos o los tratas con energía negativa de cualquier tipo? --como ira, invalidación, demandas, expectativas, intentos de control, no aprobación, ley del hielo, negación apoyo, etc.

Todos tus problemas de relación se originan en tus identidades negativas. Cambia tu identidad y toda la Secuencia cambia. Esto nos lleva al entendimiento más importante sobre la Secuencia Causal y tu vida:

Tú-el-SER es el ÚNICO elemento causal en tus Secuencias Causales, en tu vida.

Tú-espíritu eres lo único vivo; lo único que tiene voluntad y conciencia. Tú-psican, la entidad no física, consciente de la voluntad, el SER, eres el único elemento que decide, y que mueve (y experimenta) la energía. Tú eres el único agente, el único que puede controlar tus energías psicánicas (mente, emociones e identidades). Tú-psican eres el elemento causal que mueve tu cuerpo y, a través de tu cuerpo, mueve tu mundo material externo. Tú eres el creador de tu vida, consciente o inconscientemente. Estás estudiando psicánica para hacer que el proceso sea consciente y para que puedas tomar el control de él. Mientras sea subconsciente, en su lugar crearás principalmente Drama e Infelicidad en vez de los resultados deseados y la Verdadera Felicidad.

Todos los demás elementos de la Secuencia Causal (emociones, pensamientos, acciones, cosas materiales) son cosas sin vida; son energías, acciones u objetos. Tú, el SER, eres el único elemento de poder en la Secuencia. Todos los demás elementos son el resultado de que tú, el SER, crees pensamientos y emociones, tomes decisiones, actúes y coseches los resultados. Eres CAUSA, tus otras Arenas son todas EFECTOs.

Tu error fundamental en la vida es que estás tratando de controlar y cambiar el mundo externo (UF) para cambiar tu mundo interno, controlar tu SER-SENTIR, detener tu Infelicidad y alcanzar la felicidad (UP). Estás tratando de PENSAR→RELACIONAR/HACER→TENER para cambiar tu SER-SENTIR. Estás tratando de cambiar tu TENER para cambiar tu SER. Esta es la Secuencia Causal al revés: no funciona. Esto lo llamamos la Búsqueda Externa y es imposible de tener éxito y, por lo tanto, es un gran generador de Drama.

Este gran error, la Búsqueda Externa, está bien mientras el Drama sea tu meta en la vida. (Recuerda: la intención subconsciente de cada SHO es el Drama;

nosotros-psicánicos venimos a la Película de Aventuras Humanas para el Drama.) Si deseas Poder Resultados Satisfacción y Felicidad, necesitas una estrategia completamente diferente: controlar tu SER. Tu SER determina todo el resto de tus Secuencias Causales.

Estás creando tu vida ahora inconscientemente. Psicánica te mostrará cómo estás creando tu vida para que puedas tomar el control consciente del proceso y comenzar a crear lo que deseas. La creación más importante en tu vida es la de tu propio SER: todo lo demás en tu vida fluye de eso.

Cambia tus IDentidades para cambiar tu SER y esa Secuencia Causal en tu vida cambiará automáticamente.

Formulas:

Psican = espíritu con poder para asumir cualquier identidad.
SER: la suma neta de todas las identidades.

Psican + Identidades = SER
(Todo lo que el psican es SER<>No-SER).
Psican + Complejo de Identidad Humana + Cuerpo = Ser Humano

Tu Complejo de Identidad Humana (CIH) es un gran Caparazón, un capullo, de energía alrededor de tú-psican-conciencia, que actúa sobre tú-conciencia para generar tu experiencia, ilusión de SER solo un ser humano. Tu CIH contiene tu personalidad, carácter, género, talentos y todos los elementos distintivos que te hacen un ser humano único. También contiene todas tus identidades, emociones y comportamientos negativos. Con psicánica, estás aprendiendo cómo entrar en este Caparazón y crear y descrear sus contenidos, sus realidades, y así transformar tu vida.

La Magia de la Secuencia Causal es que al controlar tu SER, automáticamente controlas todas las demás Arenas. (SENTIR, PENSAR, RELACIONAR, HACER y TENER).

Tu controlas tu SER descreando tus RINs (Realidad de Identidad Negativa) y creando RIPs (Realidad de Identidad Positiva).

8. El Esquema de tu SER

La ilustración, tema de este capítulo, es un esquema, un anteproyecto, una radiografía de tu SER. Eres una criatura multidimensional, una maravilla de la ingeniería Divina.

Tu SER incluye:

#1- Esencia, el Ser Único Creador. A partir de Ella, te individualizas convirtiéndote en una entidad (aparentemente) separada, un espíritu. Ella tiene 13 Características Principales: Uno-Unidad, Infinidad, Luz, Conciencia, Sabiduría, Voluntad (Poder), Perfección, Belleza, Magnificencia, Amor, Paz, Alegría y Verdad. Tú estás hecho de Esencia; todos lo estamos; todas las cosas en La Creación entera es Esencia en manifestación de Su Ser. Más allá de la ilusión de individualidad aislada que disfrutamos en la Creación, en nuestra Matrix, todos somos UNO.

#2 - Tú-psican, la entidad trans-física = espíritu-al, de energía vital, el espíritu, que resulta de tu individualización del Uno. Tú "heredas" de Esencia tu esencia espiritual de SER, tu naturaleza psicánica de SPVAB: Conciencia, Voluntad, Sabiduría, Poder, Valía y Amor-Felicidad. (Estas son las cuatro Características de Esencia que más te afectan como ser humano).

- Tu conciencia es tu poder para percibir realidades energéticas, sentir, experimentar, saber.
- Tu voluntad es tu poder para mover energías y así formar realidades, ergo para crear y manifestar lo que quieres en la vida.

Para volverte humano, debes bloquear y contra-crear tu Esencia y naturaleza psicánica como un SER espiritual. La Esencialidad guía a la persona que desea hacerlo a descrear esos bloqueos para restablecer la experiencia y la comunicación con Esencia.

#3 - Tu Complejo de Identidad Humana (CIH): un vasto Caparazón de energías-realidades trans-físicas, en su mayoría subconscientes, que encierran a tú-psican y actúa sobre tú-conciencia para producir tu experiencia de ser un ser humano. Bloquea tu conciencia de tu Ser como espíritu y tus conexiones con Esencia. Genera para ti tu carácter y personalidad humanos únicos y todo lo demás humano sobre ti. Contiene tus recuerdos humanos y todas las aberraciones y traumas. Tú-psican puedes crear y descrear realidades en tu CIH; puedes recrear tu identidad humana.

#4- Tu CIH contiene tus Masas RIN: identidades específicas que contra-crean tu SPVAB (tu sabiduría, poder, valía y bondad) para que puedas vivir en Condiciones de Juego, explorar Drama e Infelicidad, **y todo lo que no eres en Esencia**. Como ser humano, estás explorando SER lo opuesto a Esencia. Tus masas RIN se activan en tu experiencia de conciencia produciendo tus MODs, resultados negativos, problemas, conflictos e Infelicidad en la vida. Este libro es principalmente sobre la DESCREACIÓN DE TUS MASAS RIN lo cual liberará a tu SER de aquellas contra-creaciones a tu Esencia y restaurará tu divino Poder Creador con el cual podrás transformar tu vida.

#5- Tu cuerpo. Tu cuerpo es tu instrumento físico y vehículo para que tú-espíritu pueda operar, experimentar, viajar y manipular el UF (el Universo "Físico") en contraste de tu UP, tu Universo Psicánico donde están todas tus energías trans-físicas: mente, emociones, identidades, relaciones, etc.

TÚ NO ERES TU CUERPO. TIENES un cuerpo. El cuerpo muere. NO ERES TU IDENTIDAD HUMANA. Al morir tu cuerpo, tu Complejo de Identidad Humana (CIH, también conocido como avatar) se disipa; creas uno nuevo para tu próxima encarnación. Eres un psIcan; una individualización ilusoria del SER de la Esencia Única. Tú-psican eres inmortal, tanto si eligen mantener su ilusión de individualidad separada del Uno, como si eligen reintegrarse y SER el Uno de nuevo (como lo hicieron Jesús y Buda). (La percepción, la comunicación y la reconexión con la Esencia Única de Todo Lo Que Es, es jurisdicción de Esencialidad, no de Psicánica).

A lo largo del libro, estaremos explicando el siguiente diagrama, tu SER, parte por parte; y enseñándote a tomar el control de él y por ende de tu vida. Estaremos abordando sus masas RIN y su descreación. Esa es la clave para un gran y rápido cambio en tu SER y por ende en tu vida.

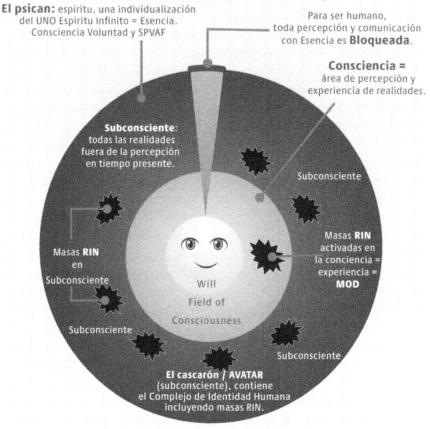

9. La Tabla de la Secuencia Causal

Todas tus emociones negativas (SENTIR), pensamientos negativos (PENSAR), energías negativas y problemas en las relaciones (RELACIONAR), comportamientos negativos (HACER) (como las adicciones), y dificultades para manifestar lo que quieres TENER en el universo físico **están emanando de tu SER negativo.** Tu SER negativo consiste principalmente en tus Identidades de Esencia Negativa, RINs (capítulo posterior).

Nuestro objetivo es identificar el Estado de SER negativo (Identidad / RIN) que es el elemento causal en cualquier experiencia o comportamiento negativo (SENTIR, PENSAR, RELACIONAR, HACER, TENER). Luego, descreamos la ID-neg y nos volvemos a crear en RIPs.

La Tabla de la Secuencia Causal es un formulario que el explorador llena para ayudarlo a rastrear cualquier experiencia o comportamiento negativo en cualquiera de las 5 Arenas (SENTIR, PENSAR, RELACIONAR/HACER, y TENER) hasta la RIN causal, el estado causal del SER.

(Probablemente necesitarás la guía de un piloto las primeras veces hasta que te acostumbres. Este apoyo también lo encontrarás en los cursos en línea a los que puedes inscribirte en www.psicanica.com).

Tu objetivo es aprender a:

1. Toma cualquier experiencia o comportamiento negativo en cualquiera de las 4 Arenas Efecto (PENSAR, RELACIONARSE, HACER, TENER) e
2. Identifica en experiencia tus emociones negativas (SENTIR) que estás tratando de cambiar con tu PENSAR y HACER negativo; después
3. Penetra en la emo-neg para encontrar tu RIN causal.
4. Descrea la RIN (Realidad de Identidad Negativa).

5. Re-crea y energiza tu Ser en RIPs (Realidades de Identidad Positiva).
6. Visualiza y energiza los resultados positivos que deseas en cada Arena los cuales se manifestarán naturalmente en tu vida.

Por ejemplo: Todo tu HACER negativo (por ejemplo, adicciones, compulsiones, pereza, irresponsabilidad, no acción, etc.) son Búsqueda Externa para evitar sentir tus masas RIN que contienen todas tus emociones negativas.

Ejemplo #2: Todas tus RELACIONES negativas son conductas de Don Quijote con las que intentas cambiar a otros para controlar tu SENTIR, generalmente de Anti-Valía. (Naturalmente, se resisten a tu imposición y reaccionan con energía negativa en tu contra).

En este Libro I, estaremos rastreando solo tu SENTIR hasta tu SER, aprendiendo a penetrar tu emo-neg para encontrar la RIN y descrearla. En el Libro III estudiaremos el resto de la Secuencia Causal; cómo rastrear cualquier cosa en tu PENSAR, RELAR, HACER y TENER a las emociones negativas que estás tratando de evitar y de allí a la RIN. (Simplemente hay demasiada información para un libro). Como siempre, descrea la RIN causal y toda la Secuencia Causal cambiará.

Cómo usar la tabla

Un MOD es un Momento de Dolor. Un MOD es una activación en tu experiencia (sentimiento) de una masa RIN. Tus masas RIN son la fuente de todas tus emociones negativas. Tus masas RIN son **energía-realidad-masas** de identidades y emociones negativas que residen en tu subconsciente, fuera de tu percepción-experiencia. Cualquier evento negativo en tu vida puede desencadenar que una masa RIN salte de tu subconsciente a tu conciencia-experiencia. Experimentas la activación principalmente como emociones negativas, ergo "Momento de dolor"; pero las RIN siempre están ahí dentro de la emo-neg. Un sinónimo de MOD es "activación".

Una masa RIN es una masa de energía psicánica que consiste en una RIN y sus emociones-neg correspondientes. Tienes muchos de estos en tu subconsciente, creados principalmente en tu infancia. Cuando experimentas un evento desencadenante, esa masa RIN (ID + emo-neg) se mueve más rápido que la velocidad del pensamiento desde tu subconsciente hasta tu conciencia-experiencia. Experimentas la masa RIN principalmente como emo-neg, como Infelicidad. Todo esto lo cubriremos con gran detalle en los próximos capítulos porque tu comprensión de esto es absolutamente fundamental para tu felicidad.

Toma la activación MOD, la emoción negativa que deseas eliminar. Escríbelo en el recuadro SENTIR Negativo de la Tabla. Las Cinco Familias de la emoción son: ira, miedo, tristeza, culpa y depresión; anota lo que mejor describa tus SENTIMIENTOS.

Escribe en el **evento desencadenante.** Cuál es el evento (cualquier persona, situación, cosa) en tu vida que está desencadenando tus MODs. Usando la Arena de RELACIONAR como ejemplo: un ejemplo común es lo que alguien de tu familia hace o dice que no te gusta, sobre lo cual te activas.

Encuentra tu RIN en experiencia (nunca en la mente). Para este Libro I, nos interesa que encuentres, en tu experiencia, tu RIN. ¿Quién eres tú que te SIENTEs así? Puedes usar la tabla de correspondencia emoción-RIN a continuación para orientarte en la dirección correcta, pero debes encontrar la RIN en tu experiencia.

Emoción-RIN tabla de correspondencia

1. Ira: Anti-Poder en tiempo presente: No puedo hacer/obtener (lo que sea).
2. Miedo: Anti-Poder en tiempo futuro: No voy a poder manejar, controlar, detener, evitar, remediar (lo que sea).
3. Tristeza: generalmente Anti-Valía: Cualquier forma de expresión de bajo valor propio como: No soy valioso; No soy lo suficientemente buena; soy indigno; no soy amado; No merezco (lo que sea).
4. Culpa: Siempre: Soy una mala persona (por la razón que sea).
5. Depresión: Anti-Poder para siempre: No puedo y nunca podré. Impotencia + Desesperanza.

Una vez que tengas tu RIN en experiencia, la descrearás con TTS y luego recrearás y energizarás las RIPs, las IDentidades positivas.

Esto es todo lo que necesitas poder hacer para el Libro I: rastrear tu SENTIR-neg y descrear tu SER-neg. Todo en el Libro III trata sobre cómo rastrear cualquier cosa en las otras 4 Arenas hasta tu SER-SENTIR neg donde lo manejarás como se explicó anteriormente.

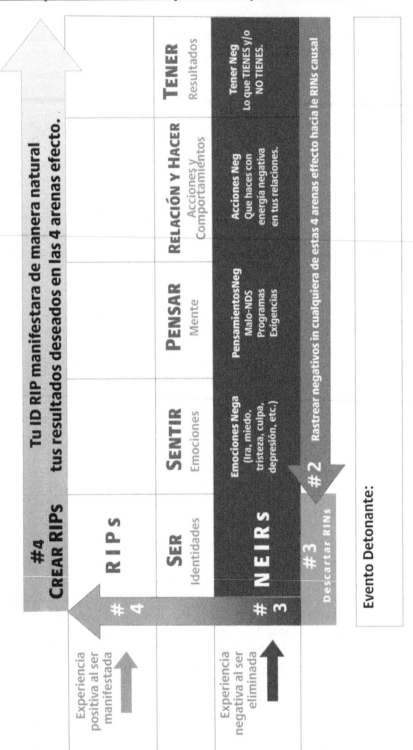

Cuadro de la Secuencia Causal

#4 CREAR RIPs — Tu ID RIP manifestara de manera natural tus resultados deseados en las 4 arenas efecto.

RIPs

SER Identidades	SENTIR Emociones	PENSAR Mente	RELACIÓN Y HACER Acciones y Comportamientos	TENER Resultados
	Emociones Nega (Ira, miedo, tristeza, culpa, depresión, etc.)	PensamientosNeg Malo-NDS Programas Exigencias	Acciones Neg Que haces con energía negativa en tus relaciones.	Tener Neg Lo que TIENES y/o NO TIENES.

NEIRS

#3 Descartar RINs

#2 Rastrear negativos in cualquiera de estas 4 arenas effecto hacia le RINs causal

#4 — Experiencia positiva al ser manifestada

#3 — Experiencia negativa al ser eliminada

Evento Detonante:

Aunque no cubrimos las 4 Arenas Efecto de PENSAR, RELACIONARSE, HACER, TENER, hasta el Libro III, veamos si puedes identificar algunas de sus energías y comportamientos en ellas con esta breve discusión:

PENSAR:

1. ¿Puedes ver que estás etiquetando de Malo-NDS (malo, incorrecto, no deberías estar haciendo eso) algo que la otra persona dice o hace?
2. ¿Puedes ver que estás extendiendo esa etiqueta de "malo" a la persona, que la estás haciendo mala o incorrecta por hacer lo que está haciendo y (aparentemente) causando tu Infelicidad?
3. ¿Puedes ver que tienes PROGRAMAS (expectativas, demandas) sobre cómo debe SER o HACER la otra persona? ¿Puedes ver que estás tratando de controlar o cambiar a la otra persona para evitar que active tus MODs o para que te dé MOPs? ¿Ves que cuando no cumplen tus programas (hacer lo que tu quieres) te activas?

HACER & RELACIONAR:

¿Estás atacando de alguna manera a esa persona con amor negativo (cualquier forma de energía negativa)? Por ejemplo: estás

- ¿Rociando ira sobre ellos?
- ¿Discutiendo con ellos, incluso les gritas?
- ¿Culpandolos e invalidandolos por causar tu MOD y Infelicidad?
- ¿Culpandolos por cualquier otra cosa "mala" en tu vida? (Estás jugando a la Víctima.)?
- ¿Juzgandolos, criticándolos?
- ¿Desaprobándolos, rechazándolos?
- ¿Tratando de cambiarlos para que no hagan lo que te provoca, o para que hagan algo que quieres que hagan? Esta es tu Negación de su Libertad para SER-HACER lo que mejor les parezca para su felicidad. Es puro egoísmo. Es tu intención dominarlos y obligarlos a sacrificar su felicidad por la tuya. Es tu Fracaso para Amar Verdaderamente.
- ¿Castigándolos negándoles atención, aprobación, afecto, comunicación, sexo o apoyo?

Todos estos son comportamientos de amor negativo; anti-amor. El anti-amor NUNCA se justifica. Siempre que inyectes cualquier forma y cantidad de anti-amor en tus relaciones, puedes esperar que otros se defiendan de él y contraataquen para mantener su valía (como "bueno" donde tú los estás etiquetando como "malos"). Si profesas amar a alguien, ¿lo estás tratando con amor negativo? ¿Estás en contra de amarlos? Recuerda las enseñanzas de Jesús: El anti-amor NUNCA se justifica, haga lo que haga la otra persona. Hay razones poderosas por las que esta ley es así, que se encuentran en Esencialidad.

TENER

Tu TENER negativo en nuestro ejemplo aquí de relaciones serán problemas, conflictos y discusiones con la persona: es decir, una mala relación, una relación negativa. En el bloque de TENER, anota todas las cosas negativas en tu relación con esa persona. Todos ellos son 100% tu responsabilidad, no de la otra persona.

––––––––––––––––––––––––––––––––––––––

En los cursos de psicánica online enumerarás todos los MODs que deseas eliminar en tu vida. Luego harás TTS bajo la guía de los pilotos en las sesiones en línea. También aprenderás mucho viendo los problemas y descreaciones de los demás. Puedes eliminar la carga emocional de cualquier botón en una hora o dos. Si perseveras en descrear, eventualmente habrás descreado toda tu masa RIN y estarás libre de las emociones humanas negativas, que es una condición necesaria para la Verdadera Felicidad.

En el Libro III, aprenderás a tomar cualquier negativo en cualquiera de las otras Arenas (por ejemplo, una adicción) y rastrearlo hasta la RIN Causal, donde aplicarás TTS para descrearlo y recrear tu Ser en RIPs.

10. PECRED

Esencia, el Creador y la Sustancia de todas las creaciones, es estática, Inmutable, Intemporal. Ella es inamovible, más allá de todo cambio. La Creación siempre está cambiando. En la Creación, el cambio es la única constante. El cambio crea la ilusión del tiempo. El tiempo sólo puede medirse por el movimiento, por el cambio: el tiempo es cambio. Si nada cambia, ni siquiera tus pensamientos, no habría tiempo.

La finalidad de toda la Creación es ser un campo de realidades productoras de experiencias de todo tipo posible. Cada experiencia de realidad es Esencia tomando esa forma para explorar y experimentar Su Ser en todas Sus infinitas posibilidades de SER. No eres solo una de esas experiencias de la realidad, también eres un sub-creador que expande la Creación desde adentro; y eres un punto de vista, de experiencia, de la Creación desde dentro. Todo lo que experimentas, Esencia lo experimenta a través de ti.

La Creación es un **caleidoscopio** de energía→ realidades→ experiencias (ECRE), en constante cambio. Las viejas realidades se desvanecen (se descrean) y siempre surgen otras nuevas. Puedes tomar el control de la creación y la descreación y acelerarlas cuando entiendes PECRED y ECRE (los elementos centrales de P-ECRE-D). Es una forma importante de poder personal poder descrear rápidamente sus realidades-experiencias no deseadas.

PECRED y ECRE

PECRED es el acrónimo de la Secuencia de Existencia, que va desde Psican a la Descreación. La secuencia es:

Psican (creador) → Energía → Creación
Realidad → Experiencia → Descreación.

Esto debe leerse y entenderse como:

El Psican toma Energía y Crea sus Realidades,
que luego causan sus Experiencias,
que luego Descrean (al ser plenamente experimentados).

Todos los elementos de PECRED operan de acuerdo con leyes y principios similares a los de la física y la electrónica en el universo físico, aunque con algunas diferencias críticas.

ECRE

ECRE es el acrónimo de los cuatro términos centrales de PECRED:

Energía → Creaciones → Realidades → Experiencia.

ECRE significa y se lee como:

Todo lo que existe es:

Energía formada (**Creada**) en **Realidades** que luego causan **Experiencia** =

ECRE

ECRE se refiere a las masas de energía que son tus realidades y causan tu experiencia. Es un término más completo para "realidades" que incluye todos los conceptos involucrados: energía, creación, realidades y experiencia. Toda tu experiencia psicánica es el impacto de tu ECRE en tu conciencia encarna la naturaleza completa de las realidades-experiencia. Es útil para tu comprensión y tu poder creador pensar en todas tus realidades (incluidas las identidades y las RIN) como ECRE para que pueda aplicar todas las características y leyes de cada concepto.

Explicación de Cada Término en PECRED

Antes de presentar algunas de las Leyes de PECRED, es necesario explicar cada concepto:

Psican

Eres un espíritu que visita la Tierra para disfrutar de la Aventura Humana, jugar el Juego Humano, protagonizar tu Película Humana. Eres un SER espiritual inmortal formado de Esencia; tú eres "hijo" del Ser Creador Infinito Único, "de tal palo tal astilla". En tu naturaleza espiritual tienes las mismas características que Esencia: Conciencia, Voluntad, Sabiduría, Poder, Valía y Amor-Felicidad. El acrónimo de estas características del SER es: SPVAB; lo verás con frecuencia en psicánica porque tus identidades SPVAB son las IDentidades más poderosas de tu vida. Has contra-creado tu SPVAB para ser humano. Lo que buscamos en psicánica es descrear tu supresión de tu SPVAB para que recuperes tu Esencia de SER.

Llamamos a la entidad espiritual de voluntad-consciente que eres un psican. Tú-psican eres una individualización de Esencia. Estás encarnando dentro de la Creación tanto para experimentarla desde tu punto de vista como para expandir la Creación desde dentro. Eres un sub-creador, un co-creador del universo. Expandes la creación desde adentro con todo lo que creas en tu vida. También eres un órgano de los sentidos, un punto de experiencia para Esencia: Ella te experimenta (eres una creación de Esencia) y luego a través de ti, todo lo que experimentas.

Eres tan inmortal como Esencia; eres Esencia; todo lo que existe es Esencia. Como una individualización de Esencia Única, eres un "niño" de Esencia y estás jugando en la Creación. En este momento de la eternidad de tu SER, estás disfrutando de la Experiencia Humana. La Experiencia Humana es la exploración del lado negativo de la Creación: anti-sabiduría, anti-poder, anti-valía y anti-bondad, y por tanto del Drama y la Infelicidad. Así como los humanos, van al cine y disfrutan de los deportes para el Drama, así también tú-psican-espíritu, vienes a la Tierra para el Juego Humano y todo su Drama. Mira a la humanidad y podrás ver miles de millones de psicans encarnados en cuerpos y todos encantados con sus identidades humanas saboreando tanto Drama como puedan crear.

El mundo realmente es la Matrix

Eres un espíritu inmortal y la Creación es una ilusión: Esencia es la única Verdad. La Creación comprende una infinidad de planetas, cada uno de ellos una "sala de cine" donde los psicans pueden ir a experimentar (El Propósito de la Creación y de la Vida, recuerda, es la Experiencia).

Cada teatro es una Matrix (en referencia a la película de 1999). Cada Matrix es una creación, una simulación, un holograma, **pero perfectamente real** (como lo son todas las cosas creadas por Dios). Esencia individualizada como psicans, encarna en las Matrixes para experimentar esa película, para disfrutar de esa aventura. A diferencia de las películas humanas, **no ves películas divinas: las vives; las protagonizas.** Son PERFECTAMENTE REALES ya que solo el Creador Infinitamente Poderoso puede hacerlos.

La Tierra es uno de esos Matrix Teatros. Nosotros-psicans encarnamos en la Tierra para la Aventura Humana, la Experiencia Humana, para jugar el Juego Humano. La Matrix humana se trata de explorar experiencias negativas: condiciones de juego (sin poder, no obtienes lo que quieres), drama e Infelicidad.

ESTÁS EN LA MATRIX.
Para jugar en Matrix y saborear la ilusión de ser humano, ESTÁS DORMIDO a quién eres realmente, una entidad espiritual, parte de Esencia Única.

No importa lo que suceda en la Matrix Humana, no afecta Quién Eres Realmente: Esencia, el Uno, el Creador, también conocido como Dios. Tú-psican no viniste aquí por toda la eternidad. Eventualmente, después de suficientes encarnaciones humanas, te cansarás del Drama Humano y querrás despertar de tu Sueño Humano, recordar y regresar a Quién Eres Realmente. Haces esto al descrear el Caparazón de energía-realidades a tu alrededor de tú-conciencia que genera para ti la ilusión de ser solo un ser humano. Al liberarte del Caparazón vuelves a SER Esencia (Dios) nuevamente. Esto es lo que Buda y Jesús (y otros) estaban enseñando.

Este despertar a tu divinidad y regresar al "reino de los cielos", a la percepción y reconexión con el UNO, es el mensaje central de todas las religiones. La Esencialidad es una tecnología de cómo lograr el despertar espiritual, al igual que la psicánica es una tecnología de cómo controlar tu vida humana. Los estudiantes de la Escuela de Esencialidad aprenden a percibir más allá su ilusión de ser humano para recuperarse y vivir en su experiencia de sí mismos como espíritu puro y como creadores de sus vidas.

Hay dos formas de vivir la vida en la Tierra:

1- Como **SHO: Ser Humano.** Un ser humano es un psican (espíritu) dormido respecto de Quién es realmente, por lo que se conoce a sí mismo únicamente como una personalidad humana y un cuerpo. Está hipnotizado y absorto en su ilusión de ser solo un ser humano. Su vida se centra en Juegos (problemas y lucha por objetivos, ergo Drama e Infelicidad (emociones negativas). Para jugar Juegos y tener mucho Drama, **no-debes saber** Quién Eres Realmente. No-debes saber que eres "Hijo de Esencia, hecho a Su imagen y semejanza": es decir, un **Poderoso Creador.** Si fueras poderoso, producirías tus objetivos con facilidad y rapidez, y sería **Fin del Juego** y **Fin del Drama.** Ahora te enfrentas a qué hacer para crear más experiencia. Para evitar este problema, hacemos que nuestros Juegos absorban todo el Drama posible durante el mayor tiempo posible de cada uno.

La gran mayoría de las personas en el planeta en este momento viven como SHO en Condiciones de Juego (lucha) y Drama e Infelicidad). Esto es perfecto: todos los psicans vinimos aquí por la Aventura Humana, por Juegos y Drama. Por lo tanto, al jugar el Juego Humano, todos los psicans/seres humanos tienen bastante éxito: todos obtenemos lo que vinimos a buscar: Juegos y Drama.

Nada de esto es casual. Toda Aventura Humana es una creación del psican, por inconsciente que sea la identidad humana. La creación debe ser subconsciente para producir nuestros resultados deseados de NO-PODER, ergo Condiciones de Juego y Drama. Cuando creas inconscientemente, como lo haces en tu identidad humana, crearás mucho de lo que no quieres y fallarás en crear mucho de lo que sí quieres, lo cual es un gran Drama. Volveremos a esto en el capítulo sobre la Identidad Fatal: tu creación que no eres creador.

2- La segunda forma en que puedes vivir la vida en la Tierra es como un SHE: un ser humano enlightened. Un SHE es un psican que ha despertado a quién es realmente: espíritu inmortal. Vive la experiencia de ser un SER trans-físico y espiritual que visita la Tierra y usa una identidad humana y un cuerpo para jugar en la Tierra. Ha recuperado su percepción, conexión y comunicación con el UNO.

También recupera la conciencia de su poder divino innato de creador. Un SHE CREA conscientemente su vida interior, su SER, emociones y pensamientos. Y conscientemente CREA su vida exterior: sus relaciones y su TENER, sus resultados, en el universo físico, resultados como el éxito y la abundancia financiera.

Hablo de todo esto no solo teóricamente sino porque yo y docenas de otros graduados de la Escuela de Esencialidad hemos despertado y alcanzado el Enlightenment. Vivimos capaces de percibir el UNO a voluntad y creando conscientemente nuestras vidas. Hemos eliminado todo Drama y vivimos en serenidad, armonía, alegría y abundancia.

Esto no es bueno o malo, mejor o peor que un SHO-Juego-Drama-Infelicidad. Se trata de qué quieres vivir: ¿Drama o Resultados, esfuerzo y lucha, o "camino fácil"? Es una cuestión de elección; de lo que quieres en la vida. Puedes tener lo que elijas, pero no ambos. Si estás leyendo este libro, entonces una parte de ti probablemente está cansada de Drama y está buscando crear una vida más feliz.

El punto aquí es que tú eres un CREADOR, quieras o no serlo, te guste o no, seas consciente o inconsciente de ello. No puedes escapar de ser creador más de lo que un tigre puede escapar de sus rayas. La pregunta es ¿QUÉ estás creando? ¿Condiciones de Juego→Drama-Infelicidad, o Resultados→ Satisfacción→ Felicidad?

Estás creando toda tu experiencia, tanto psicánica como física. Estás haciendo esto conscientemente, o lo estás haciendo inconscientemente. Mientras lo hagas inconscientemente, estarás creando mucho de lo que no quieres y fallando en crear mucho de lo que sí quieres, que es Drama.

Nuevamente: Drama e Infelicidad no son Malo-NDS; son experiencias muy ricas. Es una pregunta de lo que quieres. Los seres humanos generalmente niegan enfáticamente que quieren no-resultados y Drama; pero el psican sí. Tú-psican elegiste la Película Humana para el Drama. Tú decides cuando has tenido suficiente Drama y quieres recuperar tu poder creador y crear una vida de comodidad, abundancia y felicidad.

No necesitas creer o incluso entender nada de lo anterior: la psicánica y la descreación funcionará bien sin importar lo que creas que eres, siempre y cuando apliques las Leyes del PECRED (presentadas en un capítulo posterior). Puedes poner todo lo que hemos dicho acerca de Esencia, el espíritu y psican en Mu, lo que significa suspender creencia e incredulidad hasta que tengas pruebas de una forma u otra.

Creador de tu Experiencia Psicánica

Tú-psican eres el creador de todas tus realidades psicánicas y por lo tanto de toda tu experiencia psicánica. PECRED: Tú-psican-voluntad-poder tomas energía y la formas, la creas, en tus realidades psicánicas (tales como identidades, emociones, pensamientos, comportamientos). Esas realidades luego producen tu experiencia. Como ser humano, haces esto inconscientemente y creas muchas cosas negativas (no deseadas) en tu vida que producen Drama y Infelicidad.

Eres el creador de tu vida.

Eres un psican, hijo de Esencia.
Fuiste creado para crear y experimentar.
(No hay nada más que hacer en la Creación.)

Todo en tu vida es tu creación.
Tú-psican eres el alma y el único creador de tu vida.

Eres el creador de todas tus experiencias.
incluyendo la experiencia de que no eres el creador
de tu experiencia cuando esa es tu experiencia.

Tu vida es tu película: eres el guionista,
el director, la estrella y el héroe.

Lo que has creado, puedes descrearlo.

Eres el creador de todo lo negativo en tu vida: todo lo que no quieres; todo lo que estás tratando de evitar o detener; todo lo que es Infelicidad para ti, incluidos todos tus problemas y conflictos de relación. También eres el creador de no conseguir lo que quieres. Y eres el artífice de no poder eliminar todo lo que no quieres (por ejemplo, problemas de salud, malas relaciones, adicciones, deudas.).

Energía Energiza

Esto nos lleva a una importante Ley de la Creación:

Toda energía energiza, independientemente de la polaridad.
Energizar es verter energía en una realidad que aumenta su masa
y por lo tanto su densidad (su capacidad de causar experiencia) y
hace que esa realidad sea más persistente.

La Ley de Energía Energiza significa que todo el tiempo que te permites permanecer en energía negativa (por ejemplo: aversión, resistencia, ira, miedo, tristeza, culpa, depresión, etc.), estás energizando → manifestando o persistiendo en algo que no quieres.

Ley:

**Todo el tiempo que estás en energía negativa (hacia cualquier cosa)
estás energizando y, por lo tanto, se manifiesta o persiste lo que no
quieres.**

Otra manera de expresar está Ley es:

**Resistencia causa Persistencia.
(Toda energía negativa es resistencia.)**

**¿Puedes permitirte permanecer en energías negativas?
El precio es anti-poder (sin resultados) e Infelicidad.**

Introducción a la Identidad Fatal

También es tu creación que NO eres el creador de las cosas negativas en tu vida, que es la Identidad Fatal. La Identidad Fatal inicia la Secuencia de Identidad Fatal. Este consiste en el Paradigma Fatal que desencadena el Sueño Imposible de la Búsqueda Externa. La Búsqueda Externa incluye la Montaña Rusa Emocional, el Carrusel del Anillo de Oro de la Felicidad y los comportamientos de Don Quijote. Todo esto te impide alcanzar la Verdadera Felicidad; Examinaremos cada uno en detalle en un próximo capítulo.

La Ley de la Identidad Fatal.

La siguiente ley es una que repetiremos en este libro cada vez que sea relevante:

Tú-psican eres el creador de todas tus realidades, incluyendo
La realidad de que no eres el creador de tus realidades,
cuando esa es tu realidad -
como lo es para la mayoría de los SHO.

La mayoría de los seres humanos viven en su ECRE (energía-creación-realidad-experiencia) que NO son los creadores de sus experiencias (La Secuencia de Identidad Fatal). Esta ilusión es excelente para producir drama y contraproducente para el poder, para producir los resultados deseados.

Estamos aquí buscando despertarlos de la ilusión de la Identidad Fatal que NO eres Creador. Solo así despierto puedes reclamar tu Poder Creador y recrear tu SER y tu vida como la quisieras.

Cubriremos la Identidad Fatal y su Secuencia en detalle en el Libro 2.

Tu Ser

Tu primera y más importante creación como psican es la creación de tu SER, el primer elemento de tus Secuencias Causales. Tu SER es todo lo que tú estás siendo, también definido por todo lo que no estás-siendo (por ejemplo, creando que no eres creador). Lo que estás siendo y no-siendo es creado, determinado, por tus identidades. Tu SER comprende la totalidad de todas tus identidades.

Tus identidades son creaciones individuales de lo que son y de lo que no son. Tus identidades importantes son tus identidades de Esencia, aquellas que afirman o niegan su Sabiduría, Poder, Valía y Capacidad de Bondad-Amor. Explicaremos todo esto a lo largo de varios capítulos.

El Ser Humano

El "ser humano" es una de tus creaciones del SER. Tú-psican eres un espíritu inmortal jugando a ser humano. Eres un espíritu disfrutando de la ilusión de solo ser un ser humano, de ser una identidad humana. Creas tu ilusión de ser humano creando un Caparazón* de ECRE a tu alrededor llamado tu Identidad de Complejo Humano (ICH). Este Caparazón de ECRE actúa sobre tu conciencia para producir tu experiencia (ilusión) de tu identidad humana. Creas un nuevo

Caparazón, un nuevo ICH (Identidad de Complejo Humano), por cada encarnación y tú-psican tienes cientos de encarnaciones humanas *(Escribiremos "Caparazón" cuando nos refiramos a tu identidad humana para evitar confusiones con cualquier otro uso de la palabra).

¡Tu "ser humano" no está vivo! Tú-psican es lo único vivo; eres conciencia y voluntad. Tu "ser humano" es una gran estructura, una gran nube de energía, una coraza o capullo de millones de realidades, alrededor de tu conciencia. Piensa en tu conciencia como la pantalla de una computadora. Lo que se reproduce en la pantalla es la experiencia. Tu ICH es como el software de una computadora; determina qué imágenes y texto aparecen en la pantalla de tu experiencia. Actualmente, tu software es "ser humano".

Para saborear plenamente la Experiencia Humana, no debes saber Quién Eres Realmente y de lo que eres realmente capaz. Para emprender tu aventura humana en serio, debes suprimir tu Verdadera Identidad con tu ilusión de ser humano. Como ser humano, no eres sabio, no eres poderoso, no eres valioso y puedes ser una "mala" (persona). Por lo tanto, puedes explorar las condiciones del juego y el drama e Infelicidad, cosas que no puedes experimentar en Esencia-SPVAB.

Como ser humano, se supone que no debes saber todo esto. Viniste a la tierra a perderte a ti mismo en tu identidad humana y vivir tu película humana como humano, seria y dramáticamente. Puedes recuperar tu conciencia de Quién Eres realmente, restaurar tu SPVAB y vivir en la Tierra como un Espíritu Despierto.

Energía

El siguiente término en PECRED es **Energía**: Psican → **Energía** → Creación → Realidad → Experiencia → Descreación.

1- **Todo lo que existe está formado de energía**. Cada cosa, cada objeto, que existe en la Creación es energía tomando esa forma. Einstein expresó esto incluso para materia (aparentemente) sólida con su famosa ecuación: $E = mc2$. La mecánica cuántica confirma esto al señalar que las partículas subatómicas son patrones de energía, de vibraciones en los campos cuánticos.

"Todo lo que existe" incluye todas tus realidades psicánicas, tus identidades, pensamientos y emociones. Tus pensamientos son formas de energía; tus emociones son cargas de energía. La baja autoestima es una energía negativa sobre tu autoestima. El amor es energía positiva. El odio es energía negativa. Tu

Caparazón ICH de ser humano es todo energía. Todo tu SER, SENTIR, PENSAR y RELACIONARSE son energías psicánicas (ECRE) que, cuando se activan en su conciencia, producen tu experiencia de ellos. TODO ES ENERGÍA, y toda energía es ESENCIA disfrazada, formando para nosotros el campo de juego del universo para que podamos vivir películas y aventuras humanas y explorar el Drama.

2- **Toda la energía es legal. Toda energía, física y psicánica, obedece a leyes y principios exactos.** Las leyes que determinan tus identidades y emociones, felicidad y dolor, son tan exactas y poderosas como las leyes que mantienen a los planetas en sus órbitas. En el universo físico, las leyes de la energía comprenden nuestras ciencias físicas: física, química, termodinámica, etc. Llamamos a las leyes de la energía (ECRE) en tu universo interno "psicánico". La psicánica son las leyes de las energías trans-físicas de tu experiencia en las Arenas de SER, SENTIR, PENSAR y RELACIONARSE. Todos tus pensamientos, emociones, comportamientos, relaciones, felicidad<>Infelicidad y amor<>anti-amor son "lícitos": operan de acuerdo a leyes exactas.

Nada en tu experiencia es accidental o aleatorio: todo es causa<>efecto. Toda emoción negativa, toda tu Infelicidad, tiene una causa exacta en tu mundo psicánico. Puedes controlar y eliminar esas causas y así eliminar todo la Infelicidad. (Tú estás en el proceso de aprender cómo).

Todas las cosas son formas de energía. Todas las cosas son masas de energía siendo esa cosa; son energía con una identidad específica. Llamamos a todas las formas de energía "realidades". Una realidad es energía siendo cualquier cosa en particular. una realidad es energía adquiriendo una identidad. Si existe, es una realidad. Toda tu experiencia es energía en forma de realidades, ECRE, actuando sobre tu conciencia. Realidades Causa Experiencia; la experiencia es el efecto de las realidades sobre la conciencia.

Crear y Creaciones

El siguiente elemento de PECRED es la Creación:

Psican → Energía → **Creación** → Realidad → Experiencia → Descreación.

El psican toma energía y forma, CREA, sus creaciones=**realidades**.

La energía formada en una realidad, en cualquier cosa u objeto, es una creación. Todas las realidades son creaciones. Todas las realidades fueron creadas por alguien, en algún lugar, en algún momento. Nada en la Creación ha surgido sin haber sido creado; allá es siempre una fuerza creadora. De nuevo, el término "ECRE", (energía → creación → realidad → experiencia) nos recuerda que los cuatro conceptos están íntimamente relacionados.

La fuente última de todo lo que existe es Esencia; Ella es tanto el Creador como la Sustancia (Energía) a partir de la cual se crea todo. Ella manifiesta la Creación como campo de juego, como un Disneylandia, como teatros, como Matrixes para la experiencia. Sin embargo, eres el creador de tu universo psicánico de realidades-experiencia (identidades, emociones, pensamientos). Tú también eres el creador de tu vida humana. **Niega que eres el creador y no tendrás poder sobre tu ECRE.** *Volveremos a esto en un capítulo posterior, ya que es de extrema importancia.*

Crear es hacer que exista una realidad. Es usar tu voluntad para mover energía y formar tu realidad deseada. Piensa en un árbol. Piensa en una casa. Estás formando energía mental en esas imágenes; estás creando esas realidades mentales; y después los estás experimentando con tu conciencia. Puedes crear psicánicamente (pensamientos, emociones) muy rápidamente. La creación en el universo físico (desde el nivel humano del ser) por lo general toma tiempo y es a menudo más una cuestión de manifestación (atracción) que de creación.

Manifestar es hacer que una realidad ya creada, generalmente por otra persona, aparezca en tu vida, en tu experiencia. Creas un cuadro o un negocio. Manifiestas un cónyuge o una casa. Para manifestar, creas la realidad mental, el patrón, de lo que deseas, y deliberadamente energizas ese patrón de realidad con el tiempo con la intención de que llegue a tu vida.

La Psicánica contiene procesos para iniciar el proceso de recuperación de tu Poder Creador. Los graduados de psicánica experimentan un aumento notable en su poder para crear y manifestar en el universo físico. Viven trabajando sólo en sus pasiones, con todas sus relaciones en armonía, y manifiestan éxito y abundancia fácilmente - cuando llegan a tener conflictos, tienen las herramientas y conocimientos para solucionarlos. Sin embargo, la recuperación total de tu Poder innato Divino requiere procesos avanzados que forman parte de Esencialidad.

Realidades

El siguiente término en PECRED es **Realidades**:

El psican toma **energía** y crea sus **Realidades** (que incluyen identidades).

Una realidad es cualquier forma o masa de energía; es energía siendo algo, una entidad. Una realidad es energía adquiriendo una identidad. Todo lo que existe es una realidad. La creación consiste en una infinidad de realidades de todo tipo.

Tienes realidades físicas como galaxias, estrellas, planetas, árboles, casas, rocas, animales, átomos, electrones. Observa cómo las realidades físicas son masas moduladas de energía. (Modular es un término de electrónica que significa dar una forma de onda particular a la energía; usamos el término en el sentido de formar energía de una manera particular para crear el deseo experiencia-realidad.)

Tienes tus realidades psicánicas personales, como pensamientos, recuerdos, imágenes; y todas las emociones (alegría, ira, miedo, odio, tristeza, soledad, pena, culpa, arrepentimiento, resentimiento, depresión, etc. La más poderosa de todas tus realidades psicánicas son tus identidades, tus creaciones de lo que eres o no eres.

Tus realidades psicánicas son también masas y cargas de energía. Ellas impactan tú-conciencia causándote la percepción y experiencia de esa masa. Cuando la energía en la masa está "suelta" y lista para fluir, para descargarse, decimos que es una carga. Por ejemplo, tus emociones negativas son cargas de energía que fluyen, se precipitan, en tu conciencia produciendo tu experiencia de esa emoción.

Realidades Espirituales

Como ser humano, no tienes mucho acceso a las realidades espirituales, tal percepción y comunicación con Esencia (que es SPVAB: Sabiduría, Poder, Valía y Bondad). Pero esto no es porque las realidades espirituales no existen, sino porque has bloqueado tus percepciones para poder vivir como un ser humano en **avidya** (avidya: que significa ignorancia espiritual: un término en el hinduismo y el budismo refiriéndose a la condición humana de **no saber** Quién Eres y de dónde vienes-Esencia). Avidya es esencial para Drama; no puedes pretender y experimentar ser un humano si estás experimentando Quién Eres Realmente, un poderoso SER espiritual, parte del Todo lo que es.

Experimentas realidades físicas a través de tu cuerpo y tus cinco sentidos. Tu cerebro (nunca debe confundirse con tu mente) transduce las señales eléctricas de tus órganos de la vista, el oído, el olfato, el tacto, el gusto, a las energías que actúan sobre tu conciencia para que percibas objetos y energías del universo físico (luz, sonido, calor, etc.).

Tú-psican experimentas tus realidades psicánicas, tus identidades (SER), emoción (SENTIR) y pensamientos (PENSAR) directamente en la conciencia. Estos no vienen del universo físico ni a través de tu cuerpo y sistema nervioso como lo hacen energías físicas.

Realidad y Experiencia son las dos caras de una misma moneda.

Las realidades causan experiencia.
La experiencia es el efecto de las realidades (sobre la conciencia).

**(RExp es el acrónimo de Realidad-Experiencia como una cosa;
ECRE es el acrónimo del concepto completo.)**

**Tú-psican eres el creador y decreador de tus realidades:
Lo que has creado, puedes descrearlo.**

**(La descreación es lo opuesto a la creación que consiste en hacer que una realidad
exista. La descreación es poner fin a la existencia de una realidad.)**

La Identidad Fatal y Negación de Responsabilidad (NdR) para una creación, la hace no-tuya y mata tu poder de descrear.

NdR mata el poder de descrear.

**Experiencia Experimentada se Descrea (Exp2→ 0).
La resistencia causa persistencia (Rxx→ Perxx).**

Experiencia

El siguiente término en PECRED es **Experiencia:**

El psican toma energía y crea realidades que luego **experimenta**.

La experiencia es uno de los más fundamentales de todos los conceptos en Psicánica y Esencialidad (que trata de cómo recuperar tu experiencia de Esencia, de Dios). Es el propósito mismo de la Creación misma. Como hemos explicado el concepto de Experiencia en un capítulo anterior, no hay necesidad de repetirlo aquí.

Descreación

El último término en PECRED es Descreación:

El psican toma energía y crea realidades que luego experimenta, las que se **Descrean** (dejan de existir).

Ley de PECRED: La finalidad de la creación de una realidad es la experiencia. Una realidad persiste hasta que ha cumplido su propósito, hasta que se ha experimentado plenamente, sobre el cual se descrea dando lugar a nuevas realidades experiencias. De este modo cambia la Creación, fluyendo de un estado de existencia a otro, siempre renovándose.

Descrear una realidad es descargar la energía de ella (experimentándola) para que que esa forma, esa masa de energía, esa realidad, ya no existe. Lo que no existe ya no puede causarte experiencia, Infelicidad. La ley fundamental de descreación es:

Experiencia Experimentada Descrea (abreviado: Exp2 → 0).

Aquí tenemos la oportunidad de mencionar un entendimiento importante que repetiré varias veces en este libro:

Esta experiencia de su experiencia, de sus realidades, es precisamente lo que el ser humano (SH) no hace; lo que no estás haciendo. El SHO **resiste** su experiencia, su ECRE. Intenta evitar sentir su experiencia negativa, detenerla, bloquearla o reprimirla. Hace todo lo posible por **NO** sentir su ECRE negativo. (Un ejemplo: suprime los sentimientos negativos con sustancias químicas como el alcohol, el tabaco, los tranquilizantes, las drogas legales e ilegales (que crean adicciones a esas sustancias).

Resistencia Causa Persistencia del ECRE siendo resistido.
La resistencia es toda forma de negación de la experiencia, y todas las formas
de energía-neg utilizada para atacar la realidad negativa.

Descarga de Energía y descreación de Realidades

Todo el tiempo que tú-psican estás en Causa (en la conciencia del creador y el poder) y estás experimentando una realidad (ECRE) sin resistencia, estás descargando la energía de ella. Las realidades son masas de energía. Experiencia = descargar bastante un ECRE, y no quedará energía, por lo tanto, no más de esa realidad. Es como conectar una batería a una luz, donde la batería representa la carga y la luz tu experiencia. Si mantienes la luz encendida, eventualmente la energía de la batería se agotará.

Volveremos a la descreación con más detalle en la Sección II de este libro. Por ahora, confío en que entiendas los conceptos que componen las siglas de PECRED y ECRE. Su comprensión son bloques de construcción en tu poder personal para crear y descrear y así controlar tu SER. Controla tu SER, recréate en positivo, recupera tu SPVAB y volverás a recrear tu vida. En los próximos dos capítulos, vamos a profundizar más en la naturaleza de tu SER del primer y único poderoso, elemento creador en tus Secuencias Causales, en tu vida.

11. SER

SER es un fenómeno maravilloso que, una vez entendido, solo puede dejarte asombrado por la Sabiduría y la Complejidad del Creador y Su Creación. Tu SER es también la más importante de todas tus creaciones; el cual, como elemento inicial en la Secuencia Causal, determina todo el resto de tu vida.

Tú-psican es un hijo de Esencia-Creador. Como tal, eres innatamente un creador; no puedes no-SER un creador; no puedes no-crear, no más de lo que tu cuerpo puede dejar de respirar y vivir. Tu propósito de existencia es jugar en la Creación, crear y expandir la Creación y experimentar lo que desees. Así, uno de tus SERES primarios es creador.

Como psican, solo eres Esencia. Para jugar en la Creación,te conviertes en otras cosas; estos son tu SER, todo lo que estás SIENDO definido también por todo lo que estás No-SIENDO. Por ejemplo, si crees que eres débil, **no estás SIENDO** fuerte. Eres Esencia primero SIENDO un psican, y luego SIENDO muchas otras cosas, entre ellas SIENDO un ser humano. Como ser humano, debes No-SER Esencia (SPVAB) para crear Condiciones de Juego e Infelicidad.

Tú-psican actualmente estás creando SER un ser humano y no-SER Esencia, **no-SER SPVAB** (Sabiduría, Poder, Valía y Bondad). Para No-SER SPVAB, has creado un SER (ilusorio) de anti-SPVAB.

Tu Ser está compuesto por tus identidades, declaraciones individuales de SER o No-SER. Tu SER es la suma de tus identidades. Tu SER anti-SPVAB, que incluye al ser humano, consta de muchas identidades que niegan tu sabiduría, inteligencia, capacidad de aprendizaje, conocimiento, poder, capacidad, fuerza, éxito, valor, merecimiento, bondad y amabilidad (ser amable).

Como Ser Humano, no dejas de crear; solo has llevado el proceso "bajo tierra", fuera de la conciencia. Fuera de la conciencia está fuera de control; por lo tanto, creas muchas cosas que no deseas (por ejemplo, fracaso, problemas de relación, problemas de salud, etc.) que son un gran drama. También fallas en crear muchas cosas que quieres, también un gran Drama. También estás creando tus identidades negativas, emo-neg y todos los pensamientos, tus relaciones, tus éxitos y fracasos, tus accidentes y problemas, y todo tu Infelicidad. No importa lo que estés experimentando, lo estás creando.

Una de las características secundarias de Esencia es Libertad. Como "hijo de Esencia", también eres totalmente libre y libre para SER y crear lo que quieras. No hay creaciones de Malo-NDS, esto es imposible, y Esencia no tiene absolutamente ninguna opinión o limitación sobre lo que creas. Eres libre de crear Drama e Infelicidad, éxito o fracaso, amor o fanatismo, incluso SER → HACER el mal. NO hay limitaciones de ningún tipo.

El SER es superior a todas las demás creaciones. Todas las demás creaciones están sujetas a su creación de quién está SIENDO. Cuando estás SIENDO anti-Esencia al crear tus identidades anti-SPVAB (RIN), no podrás (fácil y rápidamente, si es que lo haces) manifestar nada que contradiga esas identidades-SER; que viola Quién Eres, por tu propia determinación. Con tus identidades anti-SPVAB, le estás declarando al universo que eres: ignorante, menos inteligente que los demás, estúpido, incapaz, débil, un fracaso, menos que los demás, indigno, malo, desagradable, etc.

¿Merece un SER con esas características manifestar fácil y rápidamente cosas positivas: un mejor trabajo o negocio, éxito, dinero, abundancia, carro, casa, amigos, cónyuge, etc.? No, no cuando tales manifestaciones contradirían su SER identidades tales como ignorante, estúpido, incapaz, débil, inferior a los demás, indigno, no merecedor, mala persona, etc. Lo que manifestará es mucha lucha para lograr sus objetivos (Condiciones del juego), malos resultados, Drama y Infelicidad, lo cual está bien, es por eso que estamos aquí.

Tu SER es tu creación primordial y es superior a todas las demás creaciones. Sólo puedes manifestar lo que concuerda, va, con tu SER.

Donde tus Identidades → SER es negativo, crearás Secuencias Causales negativas: malos resultados, problemas, conflicto→ergo, dificultades, errores, fallas, ergo Drama e Infelicidad. Nuevamente, todo esto es exactamente como tú

SER humano planeado. Tu creaste tus identidades de anti-Esencia = SER precisamente para crear Condiciones de Juego, Drama e Infelicidad. ¡Felicítate por un trabajo bien hecho!

Cambia tus identidades de SER a positivas, y automáticamente crearás buenos resultados, abundancia y satisfacción. Queremos hacer consciente cómo funciona tu SER para que tomes el control de recrearlo como tú quieres y necesitas que SEA para manifestar la vida que quieres. Cambias tu SER a positivo descreando todas tus identidades anti-Esencia (RINs) y recreando tu Ser en Identidades Esenciales positivas, RIPs, identidades que afirman tu Esencia-SPVAB. Las polaridades de tus identidades RIP◇RIN son el corazón mismo de Psicánica y el objetivo principal de la TTS. Volveremos a sus RIPs◇RINs en unos pocos capítulos.

Repetimos lo siguiente del capítulo anterior porque es una comprensión crucial del poder sobre tu vida:

Tú-psican → Ser son el ÚNICO Elemento Causal en tus Secuencias Causales = en tu vida.

Tú-Psican-SER eres lo único que tiene voluntad y conciencia; lo único que decide y experimenta. Sólo tú-Psican-SER eres creador; todo lo demás son tus creaciones. Todo en tus otras cuatro Arenas es ECRE psicánico (tus pensamientos, emociones, relaciones, comportamientos); o materia física (tu TENER). Tus ECRE son realidades sin vida; son efectos, resultados, de tu SER creándolos.

Tú-Psican-SER eres el único poder en tus Secuencias Causales, en tu vida. Eres lo único que puede mover energía y por lo tanto que puede crear y descrear. (La creación y la descreación son una cuestión de mover energía dentro y fuera de las masas de la realidad). Tus energías = experiencias en todas las otras Arenas de la Vida son tus creaciones, tus resultados.

Controla tu SER y controlas tu vida
como se manifiesta de acuerdo con la Secuencia Causal

Tu SER consta de identidades que puedes crear y descrear para transformar tu Ser para SER el SER que necesitas SER para manifestar naturalmente la vida que deseas.

Tu vida siempre estará de acuerdo con tu SER. No puedes manifestar nada en el UF que pueda contradecir tu SER.

La Identidad Fatal otra vez

Necesitamos mencionar aquí una creación primordial del SER, del no-SER creador. El SHO (Ser Humano) vive en su creación que no es el creador de su vida; que vive en un universo muerto, impersonal –o incluso hostil– sobre el que tiene poco poder y donde debe luchar para sobrevivir y conseguir lo que quiere. Esta ilusión de impotencia creada por uno mismo mantiene las Condiciones de Juego, el Drama y el Infelicidad, que, como recordarás, son el propósito de tu Película de Aventuras Humanas. Puedes elegir continuar viviendo en la impotencia y el Drama, o puedes Despertar a quien realmente eres, recuperar tu poder y crear tu vida como la quieres. Esto es "volver al Jardín del Edén". Hay mucho más en la Secuencia de Identidad Fatal que veremos en su propio capítulo.

Tienes múltiples niveles de SER:

1- **Esencia,** el Único Infinito Ser Creador que manifiesta todo lo que existe a partir de Su propia Esencia / Energía.

2- **Psican:** una individualización de Esencia, con el mismo poder de Conciencia y Creador. En tu Esencia, eres Conciencia, Sabiduría, Poder (Voluntad), Valía y Bondad (SPVAB). (Recuerda: la conciencia es el poder de percibir y experimentar. La voluntad es el poder de mover la energía para formar (crear) realidades/identidades, o para descrear realidades). Debes contra-crear tu naturaleza Esencial para SER un ser humano. En relación a Esencia=Dios, los seres humanos son SPVAB negativos: ignorantes, estúpidos, impotentes, valía-neg, entidades anti-amor (entidades anti-amor: generan mucha energía negativa de todo tipo).

3- **SERES:** tú-psican puedes crear tus SERES. Tus SERES son lo que tú-psican están SIENDO (o NO SIENDO) para asumir un rol y jugar en la Creación.

Tú-Psican actualmente estás SIENDO un ser humano, entre muchas otras cosas. (Tienes otros tipos de Seres que son el reino de la Esencialidad).

 Identidades: Tu SER está compuesto por tus identidades. Estas son tus *creaciones→realidades→experiencias* individuales (ECREs) de lo que son y lo que no son. La totalidad de tus identidades forma tu SER. (Capítulo que viene sobre identidades.)

4- **Ser humano:** Tu CIH (Complejo de Identidad Humana) es un Caparazón de ECRE alrededor de tú-psican-consciencia-experiencia que genera en ti la ilusión de ser un ser humano.

5- **Cuerpo:** Tu cuerpo físico no es técnicamente un SER sino un instrumento y vehículo que tú-psican posees y usas para operar en la realidad física. Sin embargo, muchos SHO (Ser Humanos) creen firmemente que son su cuerpo. No eres tu cuerpo.

Esencia

Lo que es Esencia, y tu relación con Ella, se pueden encontrar en los materiales de Esencialidad. Puedes descargar el libro introductorio gratuito, Essentiality I, en www.Essentiality.org, u obtener el libro impreso en Amazon. No necesitas entender Esencia o incluso al Psican para adquirir poder sobre tu vida; pero despertar y experimentar Quién Eres, Realmente es el comienzo de la Verdadera Espiritualidad y la mayor riqueza en la vida. La verdadera espiritualidad comienza cuando experimentas que eres un espíritu que finge ser humano. Cuando vives en esa conciencia, esa experiencia, de ser un espíritu inmortal todo el tiempo, estás Enlightened. Has trascendido la ilusión del ser humano. La iluminación es el objetivo del budismo, el hinduismo y el taoísmo. En el cristianismo está mal entendido y se le llama regreso al "Jardín del Paraíso", o "Reino de los Cielos", también "salvación" y "redención".

ESENCIA, EL UNO

El creador y la Energía-Esencial de la creación.
13 características: Luz, Infinidad, Unidad, Consciencia, Sabiduría, Voluntad, Perfección, Belleza, Magnificencia, Amor, Paz, Alegría, Verdad.
Saber, poder, valia, amor-felicidad (SPVAF)

Tu-psican:
una individualización
de Esencia.

Imperativo existencia:
regresar a la experiencia de quien
eres realmente, Esencia = Saber,
poder, valia, amor-felicidad.

Tu cascarón de
Identidades
Anti-Esencia (RINs)
para que puedas
SER humano.

4 RINs de SPVAF
Yo soy:
1. Ignorante, estúpido.
2. Incapaz, impotente.
3. No valioso.
4. Malo.

Tu-psican SER humano =
sabiduría, poder, valía, bondad
limitada -> para jugar juegos y
explorar Drama.

Psican

Eres una entidad de energía vital inmortal, no física (es decir, espiritual) de voluntad y conciencia, de voluntad consciente. **Sólo existe UNA CONCIENCIA INFINITA.** Eres auto-creado al individualizar tu conciencia de la Única Conciencia Infinita que es Creadora de todo lo que es. Tú-psican eres imagen y semejanza de Esencia "de tal palo tal astilla". Eres descendiente del Creador, un hijo de Dios, con los mismos poderes: la capacidad de crear tus realidades → experiencias (que incluye tus identidades); experimentar esas creaciones y descrearlas.

Definición: **Psican:** La entidad **no física=espiritual** de Voluntad Consciente y SPVAB que eres en tu naturaleza original y Esencial. Es Quién realmente eres antes y más allá de tus creaciones de SER, particularmente del ser humano.

Definiciones: **Conciencia:** tu conciencia es un campo de energía vital de súper alta frecuencia. Es tu poder de percibir y experimentar, comenzando con tu Ser y tus identidades, luego incluyendo tus emociones, pensamientos y relaciones y terminando con tu experiencia del universo físico a través de tus cinco sentidos corporales.

Definición: **Voluntad:** tu voluntad es tu poder para mover y formar energía (en realidades); es tu poder creador. (La creación y la descreación son procesos de movimiento de energía dentro o fuera de las realidades. Las identidades son una forma de realidades, los pensamientos y las emociones son otras formas). Manifiestas lo que quieres en el universo físico simulando la experiencia de realidad deseada en tu universo psicanico y luego energizándolo, lo que atrae esa realidad a tu vida. Cuando estás en tu Esencia, tienes el mismo poder de manifestación que Jesús y Buda: poder total sobre el universo físico. Sin embargo, como ser humano, has bloqueado y contra-creado tu Esencia (SPVAB) para que puedas SER humano y explorar el lado negativo de la Creación que incluye Drama y Infelicidad. El drama, recuerda, es una condición de No-Poder, ergo No-Resultados, ergo Condiciones de Juego, ergo Drama.

SER

Como psican, espíritu creador, tu principal creación es tu propio SER. Tu SER es todo lo que estás SIENDO, también definido por todo lo que eres No-SER. Entonces desde tu SER, o a través de tu SER; manifiestas todo el resto de tu vida, tus experiencias en las Seis Arenas de SENTIR, PENSAR, RELACIONARSE, HACER, TENER. Todo el resto de tu vida estará de acuerdo con tu SER. Es una

Ley de la Creación que no puedes manifestar nada que contradiga tu SER. Esta es una de las razones por las que a los seres humanos les resulta tan difícil manifestar todo lo que quieren.

Para un ejemplo de SER, tú-psican actualmente estás SIENDO un ser humano para que pueda jugar el Juego Humano en la Tierra. Tú-Psican has creado y estás viviendo como tu realidad total (la ilusión de) SER sólo un ser humano. Has bloqueado tu verdadera naturaleza espiritual para poder visitar la Tierra y vivir una experiencia de vida humana. En este momento, estás experimentando y estás firmemente convencido (por tu Caparazón) de que solo eres un ser humano; no detectas tu verdadera naturaleza. Eso está bien; así lo planearon para encarnar en la Tierra. Pero no es la Verdad Última de Quién Eres. Puedes elegir despertar de tu Ilusión Humana a Quién Eres, o permanecer en tu ilusión de ser humano.

Tu Caparazón

Creas tu SER humano creando un Caparazón de ECRE, de realidades e identidades alrededor de tu-consciencia. Ese Caparazón o Capullo actúa sobre tú-psican para producir tu experiencia de SER esas identidades, que incluyen tus RINs. Tú-psican estás SIENDO un ser humano. Tu "ser humano" es una vasta y compleja estructura de realidades, un Caparazón de ECRE, que envuelve a tú-psican y actuar sobre ti como conciencia para producir tu experiencia de SER solo un ser humano. A su vez, tu ser humano comprende muchas identidades que son tus creaciones individuales de lo que eres y de lo que no eres.

Tú-Psican puede crear y diferenciar identidades en tu Caparazón para cambiar tu SER y por lo tanto tus Secuencias Causales = Vida.

Tuviste que bloquear y contra-crear tu Esencia para reducir tu SER, tu SPVAB, hasta el de un ser humano para que puedas explorar el lado negativo de la Creación. Siendo Esencia, tu SER original y Verdadero, no puedes experimentar nada negativo. No puedes tener Juegos, problemas, conflictos, Drama y Infelicidad. Reduces tu Esencia divina a humana creando una nube de energía, una Capa de ECRED alrededor de tu conciencia. Ese Caparazón actúa sobre ti para producir toda tu experiencia de ser humano. Tu Caparazón es como un programa de computadora que pinta en la pantalla de tu conciencia-experiencia toda tu experiencia y comportamientos humanos.

En tu Caparazón está programado todo lo que te hace no sólo un ser humano, sino un ser humano único. Desde el comienzo de la historia, ha habido alrededor de 110.000.000.0000 de seres humanos en el planeta, y cada uno es una combinación única de características. En tu Caparazón están programados: tu personalidad, tu carácter, tus gustos y aversiones, tus talentos e ineptitudes, todas tus identidades negativas, todas tus emociones negativas, tus traumas, tus hábitos, tus deseos, tus valores, tus adicciones y compulsiones, tu recuerdos, etc. – TODO lo que eres y experimentas como ser humano.

Ilustración: El Caparazón de realidades que genera para el psican su identidad humana y su experiencia.

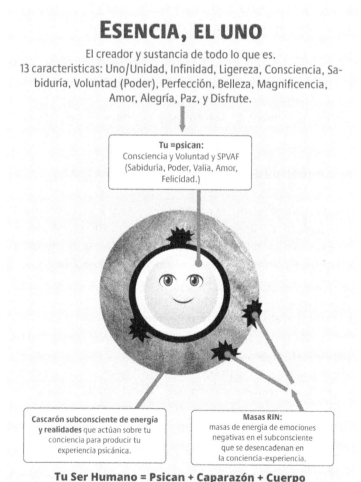

ESENCIA, EL UNO

El creador y sustancia de todo lo que es.
13 caracteristicas: Uno/Unidad, Infinidad, Ligereza, Consciencia, Sabiduría, Voluntad (Poder), Perfección, Belleza, Magnificencia, Amor, Alegría, Paz, y Disfrute.

Tu =psican:
Consciencia y Voluntad y SPVAF (Sabiduría, Poder, Valía, Amor, Felicidad.)

Cascarón subconsciente de energía y realidades que actúan sobre tu conciencia para producir tu experiencia psicánica.

Masas RIN:
masas de energía de emociones negativas en el subconsciente que se desencadenan en la conciencia-experiencia.

Tu Ser Humano = Psican + Caparazón + Cuerpo
El caparazón produce toda tu experiencia, de ser humano, tu personalidad, carácter, pensamientos, emociones, e identidades.

Eres el creador de tu Caparazón, tu CIH. La mayor parte la creaste antes de encarnar, cuando planeaste esta vida. Has abastecido tu CIH con las características, talentos y afinidades que necesitas para esta vida. Otras partes del Caparazón las desarrollas a medida que creces, por ejemplo, traumas infantiles, así como educación y capacitación.

El factor principal para que logres No-Poder, ergo capaz de mantener las Condiciones de juego (sin resultados) y los Dramas, son tus RINs, tus contra-creaciones de Esencia SPVAB. Tu Caparazón está configurado para generar Drama; para restaurar el poder, descreas tus RINs en tu Caparazón. Tu Esencia Divina innata del Ser es Poder; tienes que contra-crear Quién Eres Realmente para SER humano. **Es por esto que la descreación es más importante que la creación al eliminar todo lo negativo de tu vida y restaurarte al Poder. DEBES ELIMINAR LO NEGATIVO antes de preocuparte por lo positivo. Tratar de crear positivos para enyesar sobre negativos no funciona.**

Usando TTS, puedes entrar en tu Caparazón para diferenciar los negativos y luego crear positivos en su lugar. Puedes cambiar cualquier cosa en tu Caparazón y así transformar tu vida-experiencia-ser-humano. Esto es lo que les estamos enseñando a hacer en Psicánica; y si eliges avanzar más, hay más en Esencialidad.

Tus masas de realidad de identidad negativa (RIN)

Como mencionamos antes, ¡tu "ser humano", tu CIH, no está vivo! Es una gran estructura de identidades, un gran Caparazón de ECRE, que encierra a tú-psican y genera tu experiencia humana. Puede entrar en este Caparazón y crear y descrear su ECRE a voluntad; esto es lo que te estamos enseñando a hacer. Lo que más querrás descrear son tus RINs, tus Realidades de Identidad de Esencia Negativa. Estas contra-crean tu Esencia divina, tu Poder innato para que puedas ser un ser humano (relativamente) impotente.

Eres un espíritu con las características espirituales fundamentales y universales de Sabiduría (incluye inteligencia), Voluntad-Poder, Autovaloración (Valía) y Amor-Felicidad. Estos se abrevian SPVAB). Llamamos a la entidad espiritual que eres un psican. Como "hijo de Dios", tú-Psican eres un poderoso creador de toda tu experiencia y de tu vida. Creas tu vida a través de la Secuencia Causal, comenzando con tu SER.

¡Y eso, Quién Eres Realmente, fue tu Gran Desafío para CONVERTIRTE en un ser humano! No puedes SER Quién Realmente Eres, un psican con su Naturaleza

Esencial de SPVAB y SER un ser humano. ¡NO! Tienes que contracrear tu Esencia para bajar tu SPVAB hasta el de un ser humano, que no solo es bajo en la Escala de Polaridad del SER, sino que es negativo. Haces esto con RINs:

Lo que más contra-crea tu Esencia son tus RINs.
Lo que más vas a estar descreando con TTS son
tus RINs.

Al SER tus RINs, creas la ilusión de ser un ser humano: ignorante, impotente, de valor negativo (indigno) e Infelicidad en lugar de Amor-Felicidad.

Tus RINs (Realidades de Identidad Negativa) son cuatro (4) grandes masas de identidades negativas; identidades que contra-crean, niegan o suprimen su verdadera naturaleza espiritual e innata de Sabiduría, Poder, Valor, Amor-Felicidad (SPVAB) Tu objetivo es descrear estos y así restaurar el SER a SPVAB positivo. Tu SER positivo de SPVAB manifestará naturalmente Secuencias Causales positivas en todas las áreas de tu vida.

Estas cuatro masas de identidad residen en tu subconsciente, fuera de tu rango normal de percepción. Sin embargo, los eventos negativos pueden dispararlos, activarlos en tu experiencia de conciencia, donde los experimentas como cargas de emociones negativas. Sin embargo, la identidad negativa (RIN) siempre está presente dentro de la emo-neg.

Llamamos a estas masas de identidad negativa:
RINs: realidades de identidad negativa.

Tus RIN son la fuente de todos tus problemas,
conflictos e Infelicidad en la vida.

Identidades

Su SER consta de todas tus identidades. **Tu SER es la suma total de todas tus identidades.** Tus identidades son tus declaraciones, creaciones, de lo que son y de lo que no son. Esto quedará más claro en los próximos capítulos con tus ejemplos de SER e identidades.

Tus identidades son tu elemento causal en tus muchas Secuencias Causales y por lo tanto en todas sus Arenas, en toda tu vida. *Aunque no son exactamente lo mismo, podemos usar "SER" e "identidades" como sinónimos.*

Aquí está el secreto del inmenso poder sobre tu experiencia y tu vida:

Recuerda que la vida opera: SER→SENTIR→PENSAR→REL-HACER→TENER:

> [Identidades positivas = estados positivos del Ser] naturalmente producen resultados positivos en todas las demás Arenas de la Vida. Las identidades positivas producen emociones positivas que energizan el PENSAMIENTO sabio que guía la acción (HACER) para producir los resultados deseados (TENER).

> [Identidades negativas = estados negativos de SER] naturalmente producen resultados negativos en todas las demás Arenas. La negación del SER produce emociones negativas (Infelicidad) que distorsionan el PENSAMIENTO y la sabiduría, y conducen a acciones negativas (negación del HACER) que naturalmente producen malos resultados (TENER negativo).

CAMBIA TU IDENTIDAD (SER) en cualquier Secuencia Causal y todo el resto de esa Secuencia Causal cambia automáticamente. (Cambie tus RINs con los que estás operando tus relaciones ahora, y tus relaciones cambiarán).

CAMBIA TUS IDENTIDADES (SER) y
TU VIDA CAMBIARÁ.

TRANSFORMA TU SER Y
TU VIDA SE TRANSFORMARÁ.

¡FUNCIONA COMO MAGIA!

Cualquier tecnología suficientemente avanzada
es indistinguible de la magia.

¿Por qué tus RINs son tan poderosas, tan importantes? Contrarrestan tu naturaleza divina de Esencia=SPVAB para que tú-Psican puedas crear y explorar el lado negativo de la Creación (anti-Esencia, anti-poder, Condiciones del Juego, Drama, Infelicidad, problemas de relaciones, anti-amor, fracaso, etc.). La TTS (Tecnología de Transformación del Ser) es un sistema de precisión de cómo cambiar tu SER descreando tus RINs (tu anti-Esencia) y recreando tu Ser en RIP = restaurar tu Esencia.

Psicánica

Estás estudiando Psicánica. La psicánica es la **física del ECRE transfísico humano**. Tu ECRE transfísico incluye tus identidades, autoimagen, autoestima, todo en tu subconsciente, tus emociones, inteligencia, recuerdos, pensamientos, creatividad, relaciones, amor y felicidad, por nombrar algunos.

Con TTS, aprendes a tomar _cualquier_ experiencia negativa en cualquier Arena y rastrearla hasta la RIN causal de esa experiencia no deseada. Luego puedes descrear esa RIN y luego volver a crearte a tí mismo para SER una Realidad de Identidad Positiva (RIP). Las RIP son identidades que confirman tu SPVAB. Todas tus otras Arenas (emociones, pensamientos, acciones y resultados) se transformarán naturalmente para adaptarse a su nuevo SER positivo, a su RIP.

¡Es magia!

PUEDES PROBAR TODO ESTO POR TI MISMO MÁS ALLÁ DE TODA DUDA UTILIZANDO TU PROPIA VIDA COMO TU LABORATORIO.

Hacer retroceder cualquier experiencia o comportamiento negativo en cualquier Arena a tu identidad causal negativa (RIN), luego descrear ese estado de SER y recrearte a tí mismo en una RIP es relativamente simple, muy rápido y altamente efectivo en comparación con cualquier otra forma de psico- terapia.

Las realidades causan experiencia.
La experiencia es el efecto de las realidades sobre la conciencia.

Las identidades son una forma de realidades;
son tu ECRE sobre tu Ser.

Puedes crear y descrear tus identidades, por tanto tu SER.
Transforma tu SER y tus Secuencias Causales se auto-transforman.

Nota: No confundas realidad con verdad: ¡son dos cosas muy diferentes! Realidades que puedes crear y descrear a voluntad; la verdad es inamovible. _(Tendremos un capítulo sobre la verdad versus la realidad más adelante porque la confusión es una de las 7 condiciones que detendrán la descreación)._

Repitamos algunos de los anteriores porque son puntos centrales de todo el libro:

La vida opera de acuerdo con la Secuencia Causal de

SER → SENTIR → PENSAR → REL-HACER → TENER

Lo que estás aprendiendo a hacer es encontrar la causa raíz detrás de cualquier experiencia o comportamiento negativo en tu vida, en cualquier Arena. Esa causa raíz siempre será un estado negativo de tu SER, una identidad negativa, una RIN, de la cual solo hay cuatro sabores.

Una vez localizada tu RIN (Realidad de Identidad Negativa) *en tu experiencia (¡no en mente!),* puedes descrearlo; hacer que deje de existir.

Luego, volverás a crear tu Ser en una identidad positiva, una que afirme tu SPVAB (llamado RIP: Realidad de Identidad Positiva).

Esa Secuencia Causal cambiará automáticamente de experiencias negativas a todas positivas.

Repita esto en cada activación de tus emociones negativas, y eventualmente eliminarás todas las RINs y habrás recreado tu Ser en todas las RIPs.

Resumamos lo que estás aprendiendo a hacer:

1. Rastrear cualquier EXPERIENCIA o COMPORTAMIENTO NEGATIVO en tu vida a tu RIN CAUSAL.
2. DESCREAR tu RIN que elimina *permanentemente* esa cantidad de ECRE negativo de tu SER.
3. RE-CREA a TU SER en la RIP apropiada.
4. MIRA que la SECUENCIA CAUSAL SE TRANSFORMA EN POSITIVA EN TODAS LAS DEMÁS ÁREAS.
5. REPITE hasta que ya no tengas RINs, unas 400 horas de TTS (normalmente se hace una hora al día en menos de 2 años).

Nota: Para cualquier situación particular (una Secuencia Causal) la descreación de la ID neg puede tomar desde 40 minutos hasta varias horas (dependiendo de varios factores). Para eliminar TODAS las identidades negativas en TODAS tus Secuencias Causales, lo que transforma completamente tu vida, toma alrededor de 100 horas por masa de identidad. Tienes cuatro masas de identidad negativa: Sabiduría, Poder, Valía y Bondad: 4 x 100 horas = unas 400 horas de TTS. Los alumnos del PTSP (Programa de Transformación de Ser de Psicánica) suelen lograr estas 400 horas en 2 años o menos en la Escuela dependiendo del tiempo que dedican semanalmente a su descreación y recreación.

La TTS (Tecnología de Transformación del Ser) es el fulcro y la palanca capaz de transformar tu mundo

Se dice que Arquímedes, el matemático y físico griego, dijo que con un punto de apoyo y una palanca lo suficientemente larga, podría mover la tierra. Tu SER es palanca para tu vida que controla tu vida. La TTS (Tecnología de Transformación del Ser) es la palanca que más que mover tu SER; te permite transformarlo en todo positivo.

12. Ejemplos de SER

El propósito de este capítulo es aclarar el SER dándote algunos ejemplos.

1. ¿Estás SIENDO inteligente y sabio, o siendo tonto y estúpido? Si no puedes sentir lo que estás siendo, mira tu vida, tus decisiones, resultados y circunstancias. ¿Reflejan sabiduría o necedad?
2. ¿Estás siendo alguien a quien le encanta aprender o eres alguien que se resiste? ¿Estás SIENDO alguien que es bueno en el aprendizaje, o alguien que está SIENDO malo en eso?
3. ¿Estás siendo un aprendiz rápido? - o alguien a quien le resulta difícil aprender, es decir, SER alguien que no puede aprender fácilmente
4. ¿Estás SIENDO el creador de tu vida, o estás SIENDO la víctima de la vida (culpando a otros y a eventos)?
5. ¿Estás siendo responsable de la calidad de tus relaciones, o estás culpando al otro por causar los problemas (otra vez víctima)?
6. ¿Estás siempre sereno, o estás SIENDO reactivo, irritable, enojado?
7. ¿Estás SIENDO lo suficientemente bueno o no lo suficientemente bueno?
8. ¿Estás SIENDO igual a todos los demás; o ¿o estás SIENDO menos o mejor que los demás? (Tanto más como menos son estados negativos del SER) (¿Cómo te sientes contigo mismo, igual o menor que en diferentes situaciones? Ejemplos: alrededor de gente rica, en lugares

elegantes, con alguien del sexo opuesto que te atrae. en los negocios, en los deportes, etc.?

9. ¿Estás SIENDO capaz y poderoso? o SIENDO incapaz, débil o fracasado?

10. ¿Estás SIENDO un éxito; o estás SIENDO mediocre; o SIENDO un fracaso? (Ejemplos de personas que exploran el fracaso incluyen personas en prisión, drogadictos y personas sin hogar. El fracaso es una experiencia válida. Todas las experiencias son válidas y contribuyen a la infinita variedad de experiencias que es la Creación. Ningún estado de SER o experiencia es Malo-No Debe Ser (abreviado Malo-NDS). Todas las experiencias son creaciones deliberadas, aunque inconscientes, del psican. No hay coincidencias ni accidentes. Todo lo que existe es una creación. Ver Esencialidad I).

11. ¿Estás SIENDO excelente en todo lo que eres y haces? o estás SIENDO mediocre - o de lo peor?

12. ¿Estás SIENDO valioso, digno y merecedor? o sientes que eres menos valioso que los demás, indigno o no merecedor? Si los sientes, los estás SIENDO; estas son RINs.

13. ¿Estás SIENDO humilde?; ¿O estás viviendo en el ego negativo de creer que eres más o mejor que los demás? (El ego negativo es fatal para el amor, las relaciones y la felicidad, pero esa es una historia para la Esencialidad).

14. ¿Estás SIENDO amoroso, o estás SIENDO rencoroso y alguien que odia?

15. ¿Estás SIENDO un integrador y unificador de personas, o alguien que divide y separa? ¿Estás SIENDO amor o estás SIENDO un fanático, alguien que invalida, rechaza, incluso odia a otros por diferencias superficiales de piel, raza o género?

16. ¿Siempre estás SIENDO honesto, o estás SIENDO un mentiroso, un tramposo o un ladrón? (Siempre hay consecuencias en tu propia felicidad por dar cualquier forma de energía negativa a los demás).

17. ¿Estás SIENDO amor y por lo tanto HACIENDO el bien? ¿O estás SIENDO malvado, emanando energía negativa o haciendo cosas que dañan a otros o al mundo?

18. ¿Estás SIENDO-SINTIENDO una buena persona; o, al menos a veces, ¿SIENTES que eres una mala persona? (o mal padre, o mal hijo/a, o mal cualquiera que sea tu profesión).

La mayoría de la gente no reconoce la importancia de SER. Sin embargo, tu SER dicta el resto de tu vida, tu SENTIR, PENSAR, RELACIONAR, HACER, TENER. He aquí por qué:

Tú-el SER (psican) eres el ÚNICO elemento Causal en tu vida; tú eres el CREADOR de tu vida. (Cubriremos esto a fondo en el Libro 2). Una ley de la creación es:

No puedes crear o manifestar nada que entre en conflicto, contradiga, QUIÉN ESTÁS SIENDO.

Por ejemplo: si tienes identidades como: No puedo ganar lo suficiente; soy menos que los demás; soy indigno; No soy lo suficientemente inteligente, el dinero escasea; tienes que trabajar duro para ganar dinero; sólo los corruptos son ricos; etc; tendrás problemas para manifestar dinero porque tener mucho dinero contradice fácilmente quién estás SIENDO.

Solo crecer en una familia pobre es suficiente para infectarte con identidades negativas y realidades sobre el dinero; serán absorbidos de otros e implantados en tu subconsciente.

Como Psican, solo eres Esencia. Todo lo demás que estás SIENDO es una creación, desde el ser humano mismo, a través de tu carácter y personalidad, hasta tus identidades y todas tus realidades psicánicas.

Controla tu SER y controlas tu vida: es magia.

Para controlar tu SER, descrea tus identidades negativas y crea otras positivas.

Afortunadamente, no necesitas controlar todos los estados anteriores del SER. Necesitas controlar solo CUATRO (4) estados de SER: tus cuatro polaridades de identidad de Esencia: RIPs (Realidades de Identidad Positiva) <> RINs (Realidades de Identidad Negativa). Las cuatro identidades son:

1. **Sabiduría** (incluye inteligencia, conocimiento y habilidad para aprender).
2. **Poder** (la capacidad de producir cualquier resultado deseado en tu vida).
3. **Valía:** tu experiencia de ti mismo como valioso, digno, merecedor, en lugar de los opuestos, o menos que los demás.
4. **Bondad:** que es la polaridad de la persona Bueno<>Malo. Ser bueno es ser amable, lo opuesto a ser una mala persona o rol (padre, hijo, hija o en tu profesión). Las personas malas no son amables, no merecen el

respeto de los demás ni las cosas buenas de la vida. Como persona que tiene activada su identidad de "soy malo", vivirá en el autosabotaje y creará cosas negativas en su vida para castigarse a sí mismo.

Ahora que hemos visto SER, necesitamos ir a lo que comprende tu SER, particularmente tus identidades de Esencia, tus RIPs<>RINs. Para entenderlos, primero debemos entender Polaridad, nuestro próximo capítulo.

13. Polaridad

Es imposible comprender la existencia, controlar tu vida, descrear o dejar de sufrir, sin comprender la Polaridad. La Creación está llena de polaridades. Tú mismo eres un ser polar con un lado positivo, de luz y de amor; y un lado negativo, oscuro, anti-amoroso. Tu SER es polar; tus RIPs (Realidad de Identidad Positiva) <>RINs (Realidad de Identidad Negativa) son una polaridad. Para poder descrear tus identidades negativas y así acabar con tu SER SENTIR PENSAR REL-HACER y TENER negativo, debes comprender y aplicar las Leyes de la Polaridad.

Definición: Polaridad

Una polaridad es cualquier experiencia estirada en dos direcciones opuestas, hacia dos extremos o polos, generalmente denominados positivo y negativo. Este "estiramiento" crea una escala, un espectro, de gradientes de esa experiencia entre esos dos polos. Así, a partir de una cosa, se crea toda una gama de variaciones positivas y negativas de esa experiencia, enriqueciendo enormemente la Creación y su variedad de experiencias. (Infinita variedad de realidades → experiencias, siempre cambiantes, recuerda, es el Propósito de la Creación.)

La polaridad es pura genialidad: el Creador en acción.

Hay cuatro formas de indicar la polaridad en psicánica. Son:

#1- "⬦" entre los nombres de los dos polos: "claro⬦oscuro".

#2- "+/-" después del fenómeno: "emociones +/-" significa las emociones positivas y negativas.

#3- El prefijo "neg-":energía-neg, amor-neg, poder-neg, emoción-neg (también abreviado emo-neg).

#4- El prefijo "anti-": anti-amor, anti-poder, anti-sabiduría, etc. Así, lo opuesto al amor puede expresarse como "amor-neg" o "anti-amor".

Un ejemplo de una polaridad del UF: Temperatura

El espectro de temperatura es un buen ejemplo de una polaridad del universo físico. Extendemos la "temperatura" en dos direcciones, hacia los dos polos de frío y calor. Esto crea un rango, un espectro, de posibilidades de diferentes temperaturas, desde el cero absoluto a menos 459 F, hasta más de 10,000,000 grados F en el centro de las estrellas más calientes.

Ilustración: El espectro de polaridad de la temperatura

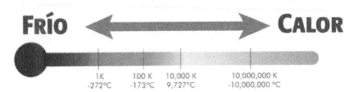

Más ejemplos de polaridades y espectros de experiencia física son:

- duro⬦blando
- claro⬦oscuro
- rico⬦pobr
- sano⬦enfermo
- joven⬦viejo
- ruidoso⬦silencioso
- el espectro de colores
- el espectro EMR (radiación electromagnética)

Dos ejemplos de polaridades psicánicas: amor y emociones.

El **amor** es una polaridad; tiene un lado positivo y uno negativo.

El lado positivo es el amor positivo (+amor o simplemente "amor") que incluye todas las formas de energía positiva y acciones que aumentan el bienestar de los demás y del mundo. +El amor empieza por dar espacio a los demás para que sean como son y no sean como no son. Luego asciende en una escala de producción de energía cada vez más positiva, como se muestra en la ilustración al dorso.

La polaridad negativa del amor es amor-neg, anti-amor. Amor-neg es todas las formas de energía y acción negativas, desde una leve aversión hasta balas y bombas. Es todo lo que daña, destruye, causa sufrimiento o de otra manera disminuye la vitalidad, el bienestar de los demás o del mundo. Por ejemplo, dañar el medio ambiente para beneficio personal o corporativo es amor-neg.

Nota: ¡El amor negativo/el mal no es "malo-incorrecto-no debería ser"! (abreviado Malo-NDS). Es una experiencia válida y rica dentro de la infinidad de creaciones del universo, y es fundamental para que el amor-pos pueda existir. No hay bien y amor, sin mal, una de las leyes de la polaridad a la que pronto llegaremos.

Emociones

Tus emociones son una polaridad. ¡No tienes muchas emociones! **Todas las emociones son la misma energía extendida sobre su espectro de polaridad,** así como es la temperatura la medida de la velocidad interna de los átomos en el objeto. Todas las emociones son variaciones de una cosa, de la energía de una emoción.

¿Cuáles son tus emociones?

Tus emociones son el amor propio. **Tus emociones +/- son la polaridad del amor propio Energía +/-,** estirada entre el polo positivo del éxtasis y el negativo del odio más profundo.

> Nota: tus sentimientos por los demás NO son amor por ellos; son tu amor por ti mismo desencadenado por quién estás SIENDO en relación con ellos. Tu amor por los demás es cómo los tratas, no cómo te sientes por ellos. Veremos esto con más profundidad más adelante.

En el lado positivo están todas las emociones positivas, ya que tenemos energías como alegría, satisfacción, interés, entusiasmo, pasión y alegría. Estos son la felicidad.

En el lado negativo, tenemos las cinco familias de emociones negativas: ira, miedo, tristeza, culpa y depresión, con muchas variaciones dentro de cada familia. Vea la ilustración.

Ilustración: La Polaridad del Amor Propio y la Polaridad de las Emociones son una y la misma energía.

LA POLARIDAD DEL AMOR

AMOR POSITIVO

Todas las formas de energía y acciones positivas que crean, construyen, cuidan o crecen a otros y contribuyen al mundo.

Incluye: escuchar, enseñar, ayudar, apoyar, dar servicio.

Todas las emociones positivas con energías positivas de amor-propio.

AMOR NEGATIVO O ANTI-AMOR

Todas las formas de energía y acciones negativas que dañan, causan sufrimiento o destruyen.

Incluye: enojo, odio, intolerancia, mentiras, robar, engañar, corrupción, tiranía, guerra, etc. también conocido como Maldad.

Todas las emociones negativas son anti-amor por ti mismo.

La Polaridad de las Emociones, la Polaridad de la Energía del Amor Propio y
la polaridad Felicidad<>SDI son todos lo mismo,
la misma energía, la misma experiencia. El amor es la ÚNICA felicidad
que hay, y todo Amor debe comenzar con el Amor Propio.
No puedes dar a otros lo que no tienes.

LA POLARIDAD DE LAS EMOCIONES

Más ejemplos de polaridades de experiencia psicánica son:

> Positivo<>Negativo,
> Placer <>Dolor
> Sabiduría<>Estupidez
> Poder<>No Poder (incompetencia)
> Felicidad<>Sufrimiento,
> Éxito<>Fracaso,
> Amigos<>Enemigos,
> Y una muy importante para las relaciones de pareja **Yin<>Yang**.

Definiciones:

Positivo: lo que es agradable, deseado, creativo, constructivo, productivo. Todo eso es **ectrópico;** todo lo que aumenta la organización y el estado energético de un sistema (que requiere Causa inteligente; la energía y la materia por sí mismas son ectrópicas).

Negativo: lo que es desagradable, doloroso, no deseado, contraproducente, dañino o destructivo. Todo eso es intencionadamente **entrópico:** disminuye la energía utilizable y aumenta el desorden y el caos, o la homogeneidad. ¡Negativo **NO es malo-NDS!** Por las Leyes de la Polaridad, los negativos deben existir para que existan los positivos, y son experiencias válidas en sí mismas. La entropía es también un elemento necesario de la Creación y no es Malo-NDS en sí misma; sólo cuando es causada por humanos en detrimento del Bien.

Malo: lo que **No Debería Ser (NDS)**, no debería existir, justificando *aparentemente* el uso de la resistencia y la energía negativa para detener, cambiar, castigar o destruir a ese ente "malo". (Decimos *aparentemente* porque bajo las Leyes del Amor, la energía negativa, el amor negativo, <u>nunca</u> se justifica.)

Malo-NDS: abreviatura de "Malo, incorrecto y, por lo tanto, no debería ser". Esto es siempre una creación, una opinión, una alucinación de la mente humana. En la Verdad de la Creación, nada es nunca Malo-NDS, incluido el mal mismo. Nunca puede HABER algo que NO DEBE SER.

Cada vez que etiquetas algo como Malo-NDS, estás diciendo que esa cosa no debería existir. Si existe, tiene la aprobación de Esencia (Dios) para existir: si Su Omnipotencia no quisiera que algo existiera, no existiría. En términos religiosos, ese es el pecado de la arrogancia, el egoísmo, el orgullo. Pregúntate: "¿Quién soy yo para decirle a Dios lo que debe ser y lo que no debe ser en Su Creación?" "¿Quién soy yo para negarle a Esencia esa forma de experiencia?" (Volveremos a todo esto en el capítulo sobre Malo-NDS).

Amor: Hay dos áreas de amor: amor por uno mismo y amor por los demás y el mundo. Tu amor por los demás son tus **acciones (HACER)**: cómo los tratas y las energías que usas con ellos. **El amor por los demás y el mundo incluye todas las formas de energía positiva que unen, cuidan, ayudan, mejoran y hacen crecer el mundo que te rodea.**

Tu amor por ti mismo son tus emociones +/-. Por ejemplo, la ira es anti-amor por ti mismo que puede motivarte a actuar negativamente (dar anti-amor) a los demás. Explicaremos esto con gran profundidad en un capítulo posterior.

Dos de las leyes de la polaridad

#1- La Ley de Creación Mutua e Indispensabilidad: Cada lado de una polaridad crea el otro.

DEBEN EXISTIR AMBOS LADOS DE UNA POLARIDAD para que exista cualquier lado, para que exista la polaridad.

ES IMPOSIBLE TENER UN LADO DE UNA POLARIDAD SIN LA OTRA.

Es IMPOSIBLE que existan positivos sin negativos.

Ergo: ¡Las polaridades negativas no son Malas-NDS! Los negativos son necesarios, esenciales, a la Creación, ergo ¡son BUENOS! Sin ellos, la Creación se vería muy mermada porque no habría polaridades, ni positivas ni negativas de ningún tipo.

Además, los **negativos son experiencias ricas y válidas en sí mismas.** Los humanos van al cine y a los deportes por el drama y experimentan la pérdida. Tú-psican encarnaste en la Tierra para explorar los negativos: SPVAB-neg, para perder algunos de tus Juegos y para saborear la Infelicidad. La verdad es que a nosotros-psicans nos encantan los Dramas, tanto que la mayoría de los psicans no están dispuestos a cambiar los Dramas en sus vidas humanas a Poder→Resultados→Satisfacción. Por ejemplo, la Psicánica es muy impopular entre las Víctimas (TT): destruye el Drama.

#2- Como deben existir ambos lados de una polaridad, tenemos la Ley #2:

Para resistir un lado de una polaridad
(por ejemplo: tus RINs, tu emo-neg = Infelicidad o malo)
es resistir la vida <u>tal como es y como debe ser</u>.

Tu único Infelicidad en la vida es tu propia resistencia
a lo que es, sobre todo, a tus RINs.

Todas tus emociones negativas = Infelicidad son
tus resistencias a tus propios RINs.

Ley de energía negativa:
La resistencia provoca dolor y persistencia.

¿Resistir la vida tal como es y debe ser, es decir, los negativos, y
crear tu propia Infelicidad califica como anti-sabiduría?

NEBON y CarPreCon

NEBON y CarPreCon son las siglas de **Nada Es Bueno o Malo y todo tiene Características, Precios y Consecuencias.**

Por ejemplo, violar las Leyes de Polaridad no es Malo-NDS y tiene sus precios y consecuencias. Estos incluyen el Alucinante Malo-NDS, la creación de resistencia, dolor, sufrimiento; pérdida de poder para diferenciar, y persistencia de realidades negativas que te gustaría descrear. Volveremos a todos estos con más detalle más adelante y sus respectivos capítulos.

La Polaridad Más Importante: La Polaridad Esencial del Ser (PES)

La polaridad más importante en toda la Creación es la Polaridad Esencial del Ser (PES) que comprende las 13 Características Primordiales de la Esencia (Uno/Unidad, Infinito, Luz, Conciencia, Sabiduría, Voluntad, Poder, Perfección, Belleza, Magnificencia, Amor, Alegría, Paz y Verdad). El concepto completo de PES (Polaridad Esencial del SER) es conocimiento espiritual avanzado más allá del alcance de este libro; aquí solo necesitamos preocuparnos por las cuatro Características que determinan y dominan tu experiencia humana: SPVAB, Sabiduría, Poder, Valor y Amor-Felicidad (estamos combinando Amor y Felicidad que son casi indistinguibles).

La Polaridad de la Esencia del Ser (PES) es tan importante porque es su nivel de experiencia y expresión de su Esencia, su Divinidad; aquí de las cuatro Características Primordiales: Sabiduría, Poder, Valía y Bondad.

**La polaridad negativa de estas cuatro identidades (SPVAB)
son tus RINs y
dominar tus Secuencias Causales negativas,
ergo tu experiencia humana y comportamientos.**

Relaciones

La descreación de tus RINs y tu recreación del Ser en RIPs transforma tu SER. Transforma tu SER y tu vida (que consiste en Secuencias Causales) se transforma automáticamente para conformarse a tu nuevo SER. La fuente de la gran mayoría de los problemas y conflictos en tus relaciones es tu Búsqueda Externa para tratar de controlar tu SER-SENTIR dictando a otros cómo deben SSPRHT como parte de sus esfuerzos Imperativos Existenciales para NO-SER RINs y tratar de SER RIPs.

Para ver esto:

- ¿Cuántas personas en tu vida están tratando de controlarte? ¿Cómo deberías SSPRHT?.
- ¿Cuánto lo hacen con anti-amor (energía-neg): invalidación, ira, demandas, culpabilización, crítica, ostracismo, castigo, etc.?
- ¿Cómo respondes? ¿cooperando y obedeciendo, o resistiendo con energía negativa?

- ¿Todas estas demandas, control y anti-amor mejoran o deterioran tus relaciones?
- De la misma manera, te están haciendo todo eso a ti; les estás haciendo todo eso, lo reconozcas o no.
- Veremos todo esto en detalle en el Libro 3.

Tus RINs son el tema de nuestro próximo capítulo.

14. RIPs<>RINs
Las Identidades Polares de Esencia

Reafirmamos tus objetivos para SER mágicamente poderoso sobre tu vida:

1. Aprende a RASTREAR cualquier EXPERIENCIA o COMPORTAMIENTO NEGATIVO en tu vida hasta tu RIN CAUSAL.
2. DESCREA esa RIN que lo elimina *permanentemente* de tu SER, así como su asociado emo-neg = Infelicidad.
3. RE-CREAR te (tu SER) en la RIP adecuada, lo que automáticamente producirá amor propio positivo = emoción positiva = felicidad.
4. ENERGIZA tus experiencias deseadas en las otras Arenas de esa Secuencia Causal. Estos se manifestarán fácilmente.

En este capítulo, estamos estudiando la naturaleza de tu SER negativo en tus Secuencias Causales. Tu SER negativo consta de cuatro masas de identidad negativa, tus masas RIN. Estas son la causa raíz de tus problemas e Infelicidad en la vida.

Las cuatro características espirituales de SPVAB

Eres una individualización egoica[2] de la Única Conciencia Infinita, del Creador y Esencia de todo lo que es. Ella tiene 13 Características Primordiales: Perfección, Uno/Unidad, Infinidad, Luz, Conciencia, Sabiduría, Voluntad/Poder, Belleza, Magnificencia, Amor, Paz, Alegría y Verdad. Verifica que cuando las personas

---

[2] Individualización del ego: La naturaleza del ego y la individualidad y cómo Tú-Psican eres una chispa o partícula del SER de la Esencia Única e Infinita que se describe en Esencialidad.

informan sobre sus experiencias místicas, informan una o más de estas características. (El Instituto Pew reporta que casi el 50% de la población ha tenido una experiencia mística al menos una vez).

De las 13 Características, 4 de ellas dominan tu existencia humana. Estos son:

Sabiduría: la capacidad de prever las consecuencias y elegir la acción adecuada para lograr el resultado deseado. La sabiduría incluye inteligencia, conocimiento (y por lo tanto estudio y aprendizaje), intuición, creatividad y resolución de problemas.

Poder: tu habilidad para producir el resultado deseado en cualquier área de la vida (relaciones, dinero, éxito, salud, etc.) Incluye tu poder para crear y descrear tus realidades, que es lo que buscamos en este libro.

Valía: tu sentido de autoestima, de dignidad y valor. Es tu sentido de autoestima con polaridades de identidad tales como: Soy importante<>no importante; soy digno<>soy indigno; Me lo merezco<>No lo merezco; Soy igual<>Soy menos que los demás. (El valor es parte de la magnificencia).

Amor-Felicidad, que también es Bondad <> Maldad como persona Amor-Felicidad es tu experiencia interna, consciente o subconsciente, sentido de Ser BUENO y por lo tanto amado, comenzando con amado por tu Ser; o tu experiencia de SER lo opuesto, de ser MALO (o malvado) y por lo tanto no ser amado, comenzando por ti mismo. Esencia es Amor y como Amor es la ÚNICA felicidad que existe; Ella es Alegría. Tus emociones son tu amor propio +/-; tus emociones positivas son la felicidad; tus emociones negativas son tu única Infelicidad en la vida. Ser MALO destruye tu amor por ti mismo y por lo tanto tu felicidad.

Las cuatro características son polaridades y se aplican todas las leyes de la polaridad.

Tus identidades de Esencia+/-, RIN y RIP, son realidades, son ECRE y son polaridades. Se aplican todas las leyes de PECRED, así como todas las Leyes de Polaridad.

Recordatorio de la definición de Realidad, necesaria para entender las identidades:

Realidad: Todo lo que existe, psicánico y físico, es una realidad. Una realidad es cualquier masa de energía modulada para crear su sabor de experiencia. Todos los pensamientos y emociones son realidades.

Todas las realidades son creaciones: alguien, en algún lugar, en algún momento, las creó. Eres el creador de TODAS tus realidades psicánicas. Todo lo que hayas creado, puedes descrearlo. Las realidades no deben confundirse con la verdad; rara vez son la verdad. Tus RINs se sentirán como verdad; no son; nunca creas en ellas.

Una identidad es un caso especial de una realidad, tu realidad acerca de ti mismo.

Se aplican todas las leyes de PECRED (creación y descreación).

Identidad: cualquier ECRE *(energía→creación→realidad→ experiencia)* que tengas sobre quién eres o no. Eres el creador de todas tus identidades-realidades. Reconocerás tus identidades porque las sienten (experimentan). Ten siempre en cuenta: La descreación se produce sólo en la experiencia, nunca en la mente. (El curso de TTS te entrena para percibir la diferencia y cómo mantenerte fuera de tu mente).

Identidades de Esencia Negativas: Tus ID de Esencia Negativas son tu ECRE de quién eres que niegas tu Esencia de SER en cualquiera de las 13 Características de Esencia de SER. Sin embargo, solo nos interesan las 4 Características que más afectan la existencia humana: SPVAB. Esencia, todas las características son Absolutas: no hay polaridad. Sin embargo, en la Creación, las características, las identidades, son polaridades. Así, tenemos RIPs <> RINs:

- RIP: Realidad de Identidad Positiva. Estas son tus identidades (creaciones del yo, del SER) que afirman tu Esencia Divina de Sabiduría, Poder, Valía, Amor-Felicidad (SPVAB).
- RIN: Realidad de identidad Negativa. Estas son tus identidades, tus ECRE, que contra-crean, suprimen o niegan tu naturaleza innata, original y divina de SPVAB.

Esto quedará más claro estudiando la siguiente tabla de RIPs <> RINs.

Las realidades causan experiencia.
La experiencia es el efecto de las realidades sobre la conciencia es decir:

Las identidades causan tu experiencia del Ser.
Comprenden tu SER,
todo lo que estás Siendo y No-Siendo.

Son las más poderosas de todas tus creaciones:
ellas inician todas tus Secuencias Causales y manifiestan
tus resultados en las otras Arenas –
¡aunque la mayoría de la gente es, en el mejor de los casos, sólo
vagamente consciente de ellas!

Para cambiar quién eres, tu experiencia de ti mismo, tu autoimagen
y autoestima, descrea tus identidades neg (RINs) y re-crea
tu Ser en las positivas (RIPs).

Resistir tus RINs, que es lo que hacen todos los SHO,
NO FUNCIONA. Los energiza y los persiste.

Eres el creador y el des-creador de tu ECRE, incluidas sus identidades. La descreación ocurre solo en la experiencia (conciencia), nunca en la mente.

Dos comprensiones importantes

#1 - ¡Ni pensamientos ni creencias! Tus RINs no son pensamientos o creencias que son realidades ligeras y de baja masa. Los pensamientos van y vienen rápidamente. **Tus RINs son grandes masas de energía-realidad,** generalmente latentes en tu subconsciente.

Tus masas RIN se activan, saltan a tu experiencia de conciencia cuando hay un evento desencadenante en tu vida. Aunque nunca sientas más que una pequeña fracción de tus masas RIN a la vez, incluso esas fracciones son más poderosas que cualquier pensamiento. Un pensamiento o creencia que puedes cambiar a voluntad; necesitarás unas 400 horas de TTS para eliminar todas tus RINs. Al descrearlas, te liberarás de todas las emociones humanas negativas.

Tenemos aquí una de las deficiencias de varias psicologías y técnicas de terapia. Sí detectan identidades, pero las tratan como pensamientos y creencias, que supuestamente son fáciles de cambiar o reemplazar, por ejemplo, con afirmaciones. ¡Si fuera tan fácil!

#2- La expresión lingüística de la RIN no es la RIN. La RIN es una experiencia, no un pensamiento o una imagen mental y mucho menos las palabras que se usan para etiquetarlo. La expresión lingüística, la descripción verbal, puede variar de persona a persona. **Tus RINs son realidades, masas de energía,** en tu subconsciente que producen tu *experiencia* de SER de esa manera. De la misma manera que la palabra "perro" no es el animal; palabras, oraciones, etiquetas *y pensamientos* no son la RIN.

Hay muchas maneras de expresar, de etiquetar, la experiencia de una RIN, como se muestra en los ejemplos de la siguiente tabla. Hay muchas formas que no están en la lista y muy ocasionalmente, a un explorador se le ocurre una nueva que los pilotos no hemos escuchado antes. Solo ten en cuenta que la **RIN no son las palabras; es la experiencia de una masa de realidad, de SER así.**

Los cuatro estados de Anti-SPAVB del SER:

1. **Anti-Sabiduría:** Es la experiencia de no ser inteligente o no ser sabio, o ser mentalmente lento o estúpido o no poder aprender.
2. **Anti-Poder:** Es la experiencia de no poder, de ser impotente, o de ser débil o de ser un fracasado.
3. **Anti-Valía:** Es la experiencia de ser de menos valioso, menos digno, menos merecedor, menos importante que los demás, o de que no se le preste mucha atención.
4. **Anti-Bondad:** Es la experiencia de ser una *mala* persona, o *malo* en un rol (padre, hijo, hija, cónyuge, carpintero, empresario, lo que sea).

Tabla de ejemplos de expresiones de las cuatro polaridades de identidad de Esencia = RIP <> RIN. La RIN no es la expresión; es ECRE.

TABLA DE EJEMPLOS DE EXPRESIONES DE LAS CUATRO POLARIDADES DE IDENTIDAD DE ESENCIA = RIP <> RIN. LA RIN NO ES LA EXPRESIÓN; ES ECRE.

	SABIDURÍA INTELIGENCIA	PODER	VALÍA	AMOR (BUENO<>MALO)
RIPs	Soy listo/inteligente. Aprendo fácil y rápidamente. Soy Sabio. Soy experto. Entiendo cosas rápidamente.	Soy poderoso. Yo puedo (lo que sea). Soy capaz. Soy fuerte. Soy exitoso.	Soy valioso. Soy merecedor. Soy lo suficientemente bueno.	Soy amor. Soy amable. Soy una buena persona por lo tanto amor.
RINs	No soy listo/suficientemente inteligente. Soy menos inteligente que otros. Soy estúpido. Soy ignorante. No entiendo bien.	No soy poderoso. No puedo (lo que sea). No soy capaz. Soy débil. Soy un fracaso.	Soy menos que otros. No merezco. No valgo. No soy lo suficientemente bueno.	Soy malo. Soy una mala persona por lo tanto desagradable. (Malo en un rol: esposo(a), hijo, hija, abogado, etc.).

Recuerda: la expresión lingüística (palabras, oraciones) no es importante. Las identidades son masas (realidades) que producen **EXPERIENCIA**. Es la experiencia. Diferentes personas expresan sus experiencias de identidad en diferentes palabras.

¡Tus energías negativas (RIN y emociones) **no son Malas-NDS!** Al contrario, son buenas y son experiencias necesarias por tres motivos:

1. Son creaciones válidas y experiencias ricas en sí mismas. Tú-Psican vino a la Tierra para explorar experiencias negativas, ej. Sin poder y drama. No puedes conocer tales experiencias cuando estás en tu Esencia.
2. Los lados negativos de todas las polaridades deben existir para que exista el lado positivo. Recuerda, es imposible tener un lado de una polaridad sin el otro. La Creación no sólo estaría muy mermada, empobrecida, sin ambos lados, sino que ni siquiera podría existir como la conocemos; tampoco habría cosas positivas.
3. Como psican, debes alternar entre los dos lados para refrescar y renovar tu experiencia de lo positivo. Estás haciendo esto al venir a la Tierra a explorar los aspectos negativos para que puedas volver al Amor y experimentar plenamente de nuevo. (La alternancia de polaridades se explica en los libros de Esencialidad).

Propósito de tus RINs

El propósito de tus RINs es reducir tu SER desde tu naturaleza divina original, hasta la de un ser humano. El propósito del ser humano es que puedas jugar el Juego Humano, vivir la Película Humana y explorar el Drama e Infelicidad). Recuerda, tú-espíritu (psican) viene a la Tierra para el Drama.

Para CONVERTIRTE en un ser humano, tú-Psican tuviste que contra-crear tu SPVAB, para bajar tu Sabiduría, Poder, Valía y Amor-Felicidad a niveles humanos (que son muy bajos e incluso negativos). Tus RIN suprimen tu naturaleza original de SPVAB; te "bajan" de divino a humano.

La descreación de tus RINs como tus contra-creaciones a la Esencia Divina de SPVAB es la segunda cosa más poderosa que puedes hacer en la vida. (Lo más poderoso es experimentar Esencia, pero esta es jurisdicción de la Esencialidad.) Como tus identidades comprenden tu SER, al descrear tus RINs transforman tu SER en tus Secuencias Causales. Transforma tu SER y transformarás tu vida. El curso de TTS (Tecnología de Transformación del Ser) te entrena, paso a paso, en cómo hacer todo esto.

Un SHE (Ser Humano Enlightened) es aquel que ha aprendido y aplicado todas las cosas de este libro y las más avanzadas en la Escuela de Esencialidad. Ha despertado de la ilusión de que solo es un ser humano y ha recuperado la experiencia de sí misma como psican y creador. Ha descreado todas sus identidades negativas y por lo tanto todas sus emociones negativas. Ella se ha recreado a sí misma a "imagen y semejanza" de Dios al restaurar su SPVAB, su naturaleza original de Esencia.

15. SENTIR: Tus Emociones

La arena de SENTIR en la Secuencia Causal de la Vida comprende todas sus emociones, positivas y negativas. En este capítulo te explicaremos cuáles son tus emociones, qué las provoca y cómo eliminar para siempre las negativas.

Todas tus emociones son un fenómeno, una energía. No tienes diferentes tipos de energía emocional; todas las emociones son la misma energía estirada en las direcciones de positivo y negativo para crear un espectro de polaridad de muchos sabores de la única energía emocional. **Se aplican todas las Leyes de PECRED y de Polaridad.**

Tus emociones son como el espectro de luz visible donde un prisma divide una luz blanca en todos los colores.

Ilustración: La energía de una emoción polarizada en un espectro.

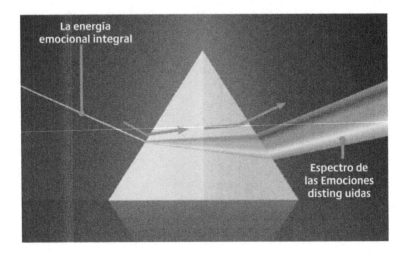

Las emociones positivas son grados y sabores de la felicidad e incluyen alegría, satisfacción, diversión, interés, disfrute, emoción, orgullo, entusiasmo, pasión y alegría.

Las emociones negativas son SID. Son los únicos SID que conoces. Incluyen la hostilidad, el enojo, la ira, el odio, la ansiedad, el miedo, la preocupación, la culpa, el arrepentimiento, la vergüenza, el remordimiento, la tristeza, la soledad, el pesar, la pena, la depresión, la apatía, entre otros. ("La emoción negativa" a veces se abrevia como "emo-neg").

Definición: Activación, MOD (Momento de dolor): un MOD o activación es el movimiento repentino dentro de tu Espacio de SER de una masa RIN. La masa salta de tu {subconsciente = fuera de la percepción} a tu {conciencia = percepción-experiencia} Experimentas una masa RIN principalmente como emo-neg, pero la RIN (o RINs) siempre está ahí.
Definición: Evento desencadenante, gatillo: El evento desencadenante es cualquier cosa que ocurra en tu experiencia externa o interna (puede ser un pensamiento). Tú-psycan, inconscientemente, adoptas un estado de SER, una identidad, una RIN, en relación con el evento. Esa RIN va acompañada de una carga de auto-amor-neg que son tus emociones-neg y el único SID que existe para ti.

Leyes de las emociones

#1- Tus propias emociones +/- son la única Felicidad <> SID que existen para ti.

La felicidad y el dolor en la vida es muy simple: son tus emociones +/-. Tus emociones, positivas<>negativas, son la polaridad Felicidad<>SID. Tus emociones negativas son el único dolor y sufrimiento que existe para ti. En el Espectro de Polaridad de las Emociones (siguiente ilustración): La felicidad es la parte superior; SID la parte inferior.

2- Tu Felicidad<>SID en la vida NUNCA es lo que ocurre (eventos), sino cómo SIENTES, tus emo-neg.

Tus emociones son tu amor propio +/- que generas internamente en torno a las identidades (RINs<>RIPs) que vas activando en relación a los acontecimientos.

Las polaridad de las emociones es la polaridad de la felicidad <> SID

Extasis
Alegría
Pasión
Entusiasmo
Interés
Compromiso

Espacio
(no emoción)

Hostilidad
Enojo
Odio
Dolor
Miedo
Depresión

Emociones Positivas =
Auto-amor Positivo
FELICIDAD

Emociones Negativas=
Auto-odio Negativo=
SID.

INFELICIDAD, DOLOR
Y SUFRIMIENTO.

Tus emociones son la única felicidad <>SID que existe para ti. Tu felicidad <>SID nunca es lo que ocurre en tu vida (eventos), sino como te SIENTES acerca de ello. Además, los eventos nunca son la Causa de lo que sientes: son las Identidades

La vida es un desfile de eventos. Tu vida tiene cientos de eventos todos los días; solo levantarse es un evento. Cada interacción con otra persona es un evento. Ten en cuenta que, en la mayoría de los eventos, no tienes emociones. Para algunos eventos, activas emociones positivas (quizás obtuviste un reconocimiento o un aumento en el trabajo) Para otros, activas emociones negativas (te quedaste bloqueado en el tráfico o perdiste tu trabajo, por ejemplo).

Tenga en cuenta que los eventos son experiencias externas, físicas, percepciones de los sentidos. Tenga en cuenta que sus emociones son experiencias internas, no físicas. No existe una relación de causa-efecto entre los dos. Puedes tener SENTIMIENTOS sin eventos. Y puedes tener eventos sin sentimientos, lo que nos lleva a la siguiente ley:

#3- Los eventos nunca son la Causa de tu experiencia psicánica.

**Los eventos nunca crean, generan,
lo que SIENTES, nunca causan tus emociones:**
ni negativas (MODs) ni positivas (MOPs).

Los eventos externos no causan tu SID ni pueden hacerte feliz.

Este entendimiento, llamado Responsabilidad por la Experiencia, es el punto de ruptura para los seres humanos entre continuar viviendo en Drama y UPS, o transformar sus vidas en Poder→Resultados. Mientras una persona opere en el paradigma, de hecho en la alucinación, de que los eventos externos causan sus emociones, no tiene esperanza de la Verdadera Felicidad. Continuará viviendo en la Búsqueda Externa de la felicidad, que es imposible de lograr y así garantiza Víctima, Condiciones del Juego y SID.

Una prueba de esto es que, para cualquier evento externo, las reacciones emocionales humanas varían a lo largo de un espectro de muy negativas a muy positivas. Esto viola la consistencia de la causa.

Consistencia de la Causa

La Consistencia de Causa es uno de los principios de la ciencia que vives todos los días. La Consistencia de Causa dice que todo Efecto tiene su Causa y que toda Causa siempre produce sus Efectos y nunca otros Efectos. Por ejemplo, en el universo físico, si le das azúcar, sal y jugo de limón a muchas personas, todas reportarán experiencias muy similares para cada sustancia: dulce, salada y agria. Nadie dirá que el azúcar los agrió, o que la sal los endulzó. Hay coherencia de causa a efecto, de sustancia a su sabor particular, y sólo su sabor.

Otro ejemplo: si pones en una mano un cubo de hielo y en la otra goteas cera caliente, todos reportarán consistencia de frío y calor en su experiencia. Ninguna persona en su sano juicio dirá que el hielo hace calor y la cera es fría.

Nadie duda de que las cosas físicas causan la experiencia física, y que la Consistencia de la Causa existe para el universo físico.

Un ejemplo de Consistencia de Causa es conducir tu automóvil. Confías totalmente en que tu automóvil acelerará cuando presiones el pedal del acelerador; que girar el volante hará que el automóvil gire en la misma dirección; y que pisar el pedal del freno reducirá la velocidad y detendrá tu vehículo. De hecho, apuestas tu vida a la absoluta Consistencia de Causa entre los controles de tu automóvil y lo que hace el automóvil.

Imagina que no hubiera Consistencia de Causa. Una vez pisas el acelerador y el coche acelera. Pero la próxima vez que lo presionas, el auto gira a la derecha. A veces, cuando presionas el pedal del freno, el automóvil se detiene; pero otras veces acelera o gira para un lado o para el otro. A veces, cuando giras el volante, el automóvil gira en esa dirección, pero a veces gira en la dirección opuesta, otras veces se detiene y retrocede.

Nótese cómo el universo físico sería un caos sin Consistencia de Causa. De hecho, la ciencia en sí misma es la observación y el estudio de los Efectos para discernir y comprender sus Causas para que podamos controlarlas y producir los Efectos (resultados) deseados. Si no hubiera Consistencia de Causa, no habría ciencia y no tendríamos control o predicción sobre el universo físico. No podríamos sobrevivir: algún efecto aleatorio e impredecible pronto nos mataría, como lo sería conducir un automóvil si no hubiera consistencia de causa.

Ahora, tomemos nuestros universos psicánicos, nuestro mundo de experiencia trans-física interior. Ten en cuenta que NO hay consistencia de causa entre nada en el universo físico y la experiencia psicánica: pensamientos y emociones. Ninguna.

Ejemplo: Toma a cualquier persona y pregunta a las 20 personas que mejor lo conocen (los observadores) qué piensan de esa persona. Sus respuestas van desde muy positivas, incluso amar a esa persona; a muy negativas, incluso a odiarla. Las 20 personas tendrán diferentes opiniones (experiencias mentales) y grados de agrado⇔aversión emocional que varían de muy positivo a muy negativo.

Un buen ejemplo en este año 2020 es el Presidente de los Estados Unidos Americanos Donald Trump. En el extremo positivo del espectro de polaridad de los sentimientos hacia él están las personas encantadas con él. En el extremo negativo del espectro están todas las personas que lo desprecian e incluso lo odian. Y hay millones de personas repartidas en cada punto del espectro de amor⟷aversión entre los dos polos.

Otro ejemplo: algunas personas se afligen mucho cuando muere su madre o su padre. Otros lo toman con calma, quizás con un poco de tristeza. Algunas personas son indiferentes. Algunas personas están contentas (quizás abusó de ellas, o están contentas con la herencia). El evento "muerte del padre" no causa la experiencia de la descendencia al respecto. Es el mismo evento para todos, pero la experiencia de cada uno varía a lo largo de un espectro de experiencia que va desde la gran tragedia hasta la satisfacción y celebración.

Otro ejemplo: algunas personas están felices de divorciarse; para otros es traumático.

Ejemplo: El 11 de septiembre de 2001, los terroristas estrellaron aviones contra las dos Torres del World Trade Center en Nueva York. Para la mayoría de los estadounidenses, esto fue una tragedia. Pero algunas personas en otros países (generalmente musulmanes) estaban bailando en la calle. Mismo evento, experiencias psicánicas muy diferentes. Sin embargo, incluso en Estados Unidos hubo diferentes experiencias. Un comerciante de oro de Nueva York al momento de enterarse del accidente, pensó "¡Qué horrible!" y en el minuto siguiente, quedó extasiado al pensar en cómo los precios del oro se dispararían haciéndolo rico. Algunas personas en países neutrales se mostraron indiferentes al evento y algunos expresaron admiración por la astucia del ataque sin estar contentos por ello.

Ejemplo: La crucifixión de Jesús: algunas personas estaban a favor de ella, considerándola un triunfo para el bien (su bien, por supuesto). Se sintieron victoriosos. Otros lo consideraron malo, una pérdida y una tragedia, y sintieron pena y miedo y se escondieron. Mucha gente se mostró indiferente. Nuevamente: el mismo evento: muchas experiencias diferentes.

En todos los ejemplos citados, en cualquier caso te importa mencionar; que no hay Consistencia de Causa. Si hubiera alguna Coherencia de Causa, cada observador tendría la misma experiencia sobre cualquier persona/evento dado, como lo hacen los observadores al probar azúcar y sal, etc. Pero la verdad de la vida es que hay casi tantas experiencias (opiniones y emociones) sobre cualquier persona o evento así como hay personas que lo observan/experimentan.

Científicamente, **la causa de la variación del efecto (la experiencia en los observadores)** *debe estar* **en lo que varía,** los observadores. La causa de la variación del efecto (experiencia) **no puede estar en lo que es invariable**, sin variar, es decir, el acontecimiento. Por lo tanto, no existe una relación de causa<>efecto entre cualquier evento y la experiencia psicánica sobre ese evento.

Cuando la Causa se mantiene constante, pero los Efectos varían, no hay conexión causal entre los dos fenómenos. Para cualquier evento, las experiencias mentales y emocionales humanas van desde muy negativas a muy positivas. Ergo, no hay conexión causal entre los eventos y la experiencia psicánica.

Comprender todo lo anterior es fundamental para tu felicidad y tu **poder para descrear** tus realidades no deseadas y tu poder para recrear tu Ser y tu vida. SÓLO puedes descrear realidades que tú creaste, que son tuyas. Si crees que tus realidades psicánicas (pensamientos, emociones, identidades, etc.) son creadas por cualquier otra cosa que no seas tú mismo, no puedes descrearlo. Las víctimas no pueden descrear.

Para obtener el poder de descrear, debes hacer un cambio de paradigma de asignar la Causa de tu SID a eventos externos, reconocer que tú eres la causa y el creador de tu experiencia psicánica. Debes asumir un estado de SER conocido como: **Reconocimiento de Creador** y **Responsabilidad por Experiencia** (abreviatura **RespExp**). RespExp (Responsabilidad por Experiencia) significa reconocer que eres el alma y único creador de tu experiencia psicánica, y parar el asignar Causa y culpar a otros, culpar eventos por cómo te sientes, por tus MOD, por tu SID.

RespExp requiere una transformación de paradigma de la **Identidad Fatal** de "Yo no soy causa; "Yo no soy creador; No soy responsable de cómo me siento. Soy víctima de los acontecimientos, de lo que dicen y hacen los demás y de lo que sucede en mi vida".

Es un cambio de tu SER a ser En Causa: "Yo soy el creador. Tengo el poder. Yo decido quién soy, cómo me siento y qué pienso. Soy responsable de mis emociones, no de lo que digan o hagan los demás, o de lo que pase en mi vida".

Sin este cambio, nunca tendrás ningún poder para descrear tus realidades negativas. Sin el poder de descrear, nunca tendrás muy buenos resultados en la creación, ni en tu mundo psicánico ni en tu mundo físico. No puedes crear positivos sobre los negativos ya presentes en tu SER; primero debes diferenciar los negativos para crear espacio para los positivos.

Todo esto es tan importante, que tendremos un capítulo completo sobre ello más adelante en la segunda parte del libro: Descreación.

¿Qué causa mis emociones?

Para entender qué causa tus emociones, necesitas entender cuáles son realmente tus emociones. Primero, no tienes muchas emociones diferentes. Como dijimos antes: Tus emociones son un solo espectro de polaridad de energía (tal como lo son la temperatura y la luz visible). Tus emociones son un solo tipo de energía estirada entre dos polos de máxima emoción negativa y máxima emoción positiva.

En el lado positivo están todas las emociones positivas como alegría, interés, satisfacción, entusiasmo, celebración, pasión y alegría. Estas son las energías de la felicidad.

En el lado negativo están todos los sabores de UPS que podemos clasificar en las Cinco Familias de emociones negativas: ira, miedo, pena o tristeza, culpa y depresión.

1. Familia de la ira: incluye ira, frustración, impotencia, resentimiento, rabia,
odio, etc
2. Familia del Miedo: incluye ansiedad, preocupación, timidez, terror, pánico,
fobia, etc
3. Familia de la Tristeza: incluye tristeza, pena, duelo, soledad, etc.
4. Familia de Culpa: incluye culpa, remordimiento, arrepentimiento, etc.
5. Familia de la Depresión: incluye depresión, apatía, abandono, derrota, impotencia y desesperanza.

Tus emociones son un solo tipo de energía extendida en un espectro de polaridad. Ahora necesitamos ver exactamente qué tipo de energía son.

La naturaleza suprema de la emoción

Tus emociones son tu amor propio.
Tus emociones +/- son tu amor propio +/-
espectro de polaridad de la energía.

El amor es una polaridad, tanto el amor por uno mismo (SENTIR) y amor por los demás (tu HACER).

(Se aplican todas las Leyes de Realidad, Polaridad, Amor y Felicidad).

_____

Eres un espíritu inmortal que finge ser humano para que puedas vivir la película de la aventura Humana que es tu vida. Tus emociones positivas son parte de ti, del espíritu/tú-psycan. Ellos son el AF, el Amor-Felicidad, en nuestra Esencia Divina de SPVAF. En Esencia Pura, Esencia fuera de la Creación, no hay polaridad y tú eres Amor Absoluto sin negatividad, sin anti-amor.

Sin embargo, en la Creación tenemos Polaridad que incluye amor positivo y negativo. **Tus emociones negativas son parte de tu anti-SPVAF; son tu amor negativo por ti mismo.** Tus emo-neg son el polo opuesto de tu Esencia SPVAF; es anti-amor por tu Ser. Creaste tus emociones negativas para ayudarte a explorar **todo lo que NO eres en Esencia;** para explorar lo contrario de tu Esencia, para explorar el auto-anti-amor y el Drama-SID. Recuerda, el Drama es principalmente la emoción negativa que saboreamos durante las Condiciones del Juego, lo que quiere decir que el Drama es principalmente el amor propio negativo (por estar en RIN de anti-poder). Esta exploración de los negativos es la razón por la cual tú-Psican encarnaste en la Tierra: para explorar TODO LO QUE NO ERES EN ESENCIA. (Este es un entendimiento de la Esencialidad).

Si bien Esencia es dicha divina, experimentar solo las 13 características (SPVAF) ergo dicha por toda la eternidad sin cambios es realmente aburrido. (Imagínate que estuvieras teniendo sexo todo el día, todos los días). Tienes toda la eternidad para explorar TODAS las posibilidades de experiencia, incluidas las negativas. Has descendido a la Creación para explorar todas las posibilidades de experiencia, especialmente las polaridades negativas.

La razón por la que tus emociones son tu polaridad Felicidad ◇ SID es porque el Amor (Amor Divino) es la única felicidad verdadera que existe. Tus **emociones+/- son ese Amor +/-.** Como psycan-individualizado de Esencia, parte de tu naturaleza es SER Amor Divino. (Todo esto proviene de la Esencialidad, pero no puedes comprender verdaderamente tu existencia, incluso como ser humano, sin comprender tu naturaleza espiritual).

Para demostrar que Amor = Felicidad, busca las respuestas a estas preguntas en tu experiencia (no en el pensamiento):

- ¿A quien amas? ¿Cómo se siente amar? ¿Feliz o SID?
- ¿Cómo se siente ser amado? ¿Feliz o SID?
- ¿Alguna vez has estado enamorado de una pareja romántica? ¿Qué tan feliz estabas "enamorado"? ¿"Caminaste en el aire"?
- ¿Amas a tus hijos? ¿No son alegría en tu vida?
- ¿Amas al menos a uno de tus padres? ¿Cómo se siente? ¿Contribuye a tu felicidad o a tu infelicidad en la vida?

El amor positivo es felicidad.
El amor negativo (energía negativa) es SID.

Observe cómo las personas después de experiencias místicas (incluidas las Experiencias Cercanas a la Muerte) reportan Luz, Amor y Alegría (y otras de las 13 Características de la Esencia). Cuando abres tu SER y aprendes a percibir la Esencia, es difícil incluso distinguir el Amor de la Alegría. (Todos los alumnos de la Escuela De Esencialidad, aprendemos a abrirnos y sentir Esencia; Ella está a nuestro alrededor en todas partes todo el tiempo, Omnipresente. Estamos formados por Ella. Nuestra Esencia es lo que hemos bloqueado y contra creado para pretender ser humanos y explorar anti-amor, anti-poder, Drama y SID)

La siguiente pregunta es: ¿Qué determina si tu energía de Amor es positiva (Alegría/feliz) o negativa (SID)? Expresaré la respuesta de tres maneras, variando la terminología para que el concepto sea más claro:

1. Tus emociones +/- son tu energía de amor (divino) +/- para ti mismo determinado por la Identidad Esencial +/- que eres (inconscientemente) activadas en relación a los eventos.
2. Tus emociones +/- son tu energía de amor propio +/- determinada por la RIP <>
   RIN que estás (inconscientemente) eligiendo y por lo tanto SER en relación a los eventos.
3. Tus emociones +/- son tu energía de amor propio +/- por Quién estás SIENDO +/-
   que está determinado por la RIP <> RIN que eres (inconscientemente) asumiendo en relación a los eventos.

Todo lo anterior es la Secuencia Causal en operación:

SER → SENTIR = [SER determina SENTIR].

Identidades → Emociones = [Las identidades determinan las emociones.]

- Las identidades positivas (+SER) generan emociones positivas = +SENTIR = Felicidad.
- Las identidades negativas (-SER) generan emociones negativas = SID.

Para cambiar tu SENTIR, cambia quién estás SIENDO (tus identidades).

Repetimos lo siguiente porque es un entendimiento crítico: Tus propias emociones negativas son tu único SID en la vida. Tu SID nunca son los eventos, sino cómo te SIENTES acerca de los eventos. Y como probamos con la Constancia de Causa, los eventos nunca causan tus emociones.

Mientras vivas asignando Causa a los eventos, estás en la Secuencia de Identidad Fatal, en No RespExp, y te estás convirtiendo en la víctima emocional de los eventos externos. Las víctimas no tienen poder para descrear sus identidades negativas, ningún poder sobre su experiencia y solo un poder indirecto sobre sus vidas. (El poder indirecto es tratar de cambiar a otros para cambiar la experiencia de uno: altamente ineficaz y generador de la mayoría de los problemas en las relaciones). Así, las Víctimas viven en activaciones frecuentes, incluso constantes, de sus identidades anti-poder, y por lo tanto en muchos DSID. **ES IMPOSIBLE SER VÍCTIMA Y FELIZ.** (Cubriremos a Víctima en detalle en un capítulo posterior.)

Eres el alma y único creador de tus emociones, ergo de tu SID o felicidad en la vida. No puedes controlar tus emociones negativas directamente; la supresión no es control y causará problemas de salud física. Puedes intentar suprimirlos con sustancias adictivas y actividades que te distraigan, pero dejas esa masa de energía emocional en tu subconsciente. Mientras esa masa exista en tu subconsciente, estará sujeta a activación una y otra vez durante el resto de tu vida. Sin la descreación de tu RIN causal, no tienes ningún cambio permanente en tu SER-SENTIR y por lo tanto ninguno en tus Secuencias Causales=Vida, ni en tu experiencia de polaridad Felicidad<>SID. El mundo seguirá jugando baloncesto emocional con tus SENTIMIENTOS.

Controlas tus emociones controlando tus identidades, descreando tus RIN y recreando tu Ser como RIP. TTS (Tecnología de Transformación del Ser) es un sistema preciso para hacer esto.

¡La vida es simple! Es:

SER → SENTIR → PENSAR→ REL-HACER → TENER

Tu SER determina tu SENTIR. Tus identidades +/- determinan tus emociones +/-. Tus emociones son tu espectro de polaridad de energía de amor propio, donde la polaridad de la emoción está determinada por la polaridad de tus identidades.

- Los estados positivos de SER (IDs) naturalmente producen emociones positivas y resultados positivos en la vida, ergo felicidad.
- Los estados negativos del SER (ID) producen forzosamente emociones negativas, comportamientos negativos y malos resultados, y por lo tanto Drama y SID.
- Detrás de cada emoción positiva, hay una RIP: te estás amando a ti mismo en esa identidad.
- Detrás de cada emoción negativa, hay una RIN; te estás anti-amando a ti mismo por SER anti-Esencia con tu emo-neg.

El amor propio significa que te amas a ti mismo, sientes emo-pos acerca de quién estás SIENDO, tu identidad (RIP) del momento. **Ese Amor Propio es la única Verdadera Felicidad que existe.**

El secreto de la Verdadera Felicidad es eliminar primero todas tus RINs que provocan tu amor negativo hacia ti mismo y son los únicos SID que existen. Luego recrea tu SER en RIPs que naturalmente activarán tu amor positivo por ti mismo, tus emociones positivas que son la única felicidad que existe.

- Cuando tus emociones son positivas, sabes que estás en una identidad positiva, una RIP, que está activando tu amor positivo por ti mismo, por tu estado positivo de SER.
- Cuando tus emociones son negativas, sabes que estás en una identidad negativa, una RIN, que está activando tu amor negativo por ti mismo en ese estado negativo de SER.

¡Celebra esto! Cuando estás en emo-neg, tienes la oportunidad de usar TTS (Tecnología de Transformación del Ser) para encontrar y descrear tu RIN. El precio de desperdiciar oportunidades es prolongar tu SID en la vida, continuar en la montaña rusa emocional.

Aprovecho cada oportunidad para repetir estos conocimientos fundamentales sobre tu existencia, así que aquí están de nuevo:

#1- Tu SID en la vida nunca es lo que sucede (es decir, tus eventos desencadenantes), sino lo que SIENTES, tu emo-neg, **en torno** a la Identidad que está activando en relación con el evento.

#2- Los eventos externos nunca causan tu emo-neg=SID; solo activan en tu experiencia tus masas RIN ya presentes en tu SER (subconsciente).

¡**Esta es una gran noticia!** porque si causan tu SID, nunca podrás alcanzar la felicidad. Si los eventos provocan nuestras emociones, no habría ninguna esperanza para la felicidad de la humanidad porque nadie, ni siquiera los reyes y emperadores, han tenido el poder de controlar eventos, lo que otros dicen y hacen, y lo que sucede.

#3- *La verdadera felicidad = emociones positivas todo el tiempo* comienza cuando has descreado tus masas RIN para así eliminar todas tus activaciones MOD de emo-neg=SID. Entonces, naturalmente, eres RIP que activa automáticamente tu amor por ti mismo, que son las emociones positivas, que son la felicidad.

Corolario del #2: Así como los eventos externos nunca son la causa de tu emo-neg=SID, los eventos externos positivos nunca pueden producir tu felicidad. Ellos vienen y van. Incluso cuando se quedan un tiempo, las emociones positivas (MOP) se desvanecen. Por ejemplo: ¿cuánto dura la emoción positiva de tener un carro nuevo? ¿Cuánto dura el enamoramiento? ¿Cuánto tiempo celebras un aumento de sueldo o un ascenso en el trabajo?

Además, mientras aún tengas masa RIN, los eventos las activarán y dominarán tu MOP. Tu Verdadera Felicidad no puede depender de nada fuera de ti porque "El Cambio es la única Constante". Para que tu Felicidad sea permanente, constante e inexpugnable a los eventos, debe ser algo que creas y controlas dentro de ti.

#4 - Cada activación de tus **RIN masas** → **emo-neg** es un momento crítico. Tienes Dos Caminos:

A- **La ruta baja:** bloquea, suprime, drogalo o ignoralo, y la masa eventualmente se hundirá en tu subconsciente de tal manera que ya no la experimentará en el tiempo presente. El problema es que tu masa sigue existiendo lista para dispararse de nuevo en cualquier momento. **NO AVANZAS EN LIMPIAR TU SER DE ENERGÍA NEGATIVA.**

B- **La carretera:** Descrea la RIN sobre la cual se disuelve la masa y regresas a la experiencia positiva y tu Espacio de SER subconsciente está permanentemente libre de esa cantidad de energía negativa total en tu

SER. (Como ser humano, tienes mucha energía negativa). Eres libre para siempre de esa masa RIN. Repite esto en cada activación y eventualmente no tendrás activaciones. Tus RIPs + emoción-positiva dominarán entonces tu experiencia y tus Secuencias Causales.

Resumen:

1- Detrás de cada emoción negativa, siempre hay una ID negativa (RIN). SIEMPRE, sin excepciones. (SER causa SENTIR; tus emociones son tu energía de amor propio determinada por quién estás SIENDO en este momento).

2- Nuestro objetivo es que aprendas a penetrar cualquier emoción negativa para encontrar, ¡*en la experiencia, no en la mente!* — tu RIN causal, tu SER negativo.

3- Una vez que experimentes tu RIN, puedes descrearlo usando TTS.

4- Luego te vuelves a recrear en el ideal de quién quieres SER, en RIPs que afirman tu SPVAF.

5- Esa Secuencia Causal después cambiará con una mínima energización de lo que luego quieres experimentar en cada Arena.

Como tu SER (identidades) es el único elemento inicial verdadero en tus Secuencias Causales, transformar tu SER de negativo a positivo cambiará automáticamente las otras Arenas de tu vida comenzando con tu SENTIR, tu felicidad.

El núcleo de cómo hacer esto es:

1. SENTIR dentro de tu emoción negativa para encontrar tu(s) RIN(s) CAUSAL(es).
2. DESCREAR ese RIN con TTS (Tecnología de Transformación del Ser) el cual lo va a eliminar definitivamente de tu SER y eliminará automáticamente tu activación emo-neg. (La parte 2 de este libro es como descrear).
3. RE-CREATE (tu SER) en el RIP apropiado, que produce automáticamente emoción positiva = felicidad. (La creció es la última parte de este libro).
4. MIRA la MAGIA: esa Secuencia Causal transformará en positivo todas tus otras arenas: PENSAR, RELACIONAR, HACER y TENER.

El protocolo completo de 14 pasos para TTS (Tecnología de Transformación del Ser) se encuentra en un próximo capítulo.

El Sueño Imposible de la Búsqueda Externa es tratar de controlar los aspectos externos para detener nuestra experiencia negativa (MODs y SID), lo que conduce a los Comportamientos de Don Quijote de tratar de controlar a otros para evitar que activen nuestros MODs; y a todas las adicciones.

Los problemas en tus relaciones resultan porque estás tratando de controlar (evitar, detener) tus emo-neg-SID cambiando el mundo exterior – y generalmente con energía negativa, a la que otros resistirán, se defenderán y te contraatacarán.

El poder de tus adicciones sobre ti es el poder de tu Imperativo Existencial para escapar del dolor (suprimiendo tu experiencia psicánica negativa con químicos).

Cuando aprendas a controlar tus emociones (descreando tus masas RIN), podrás controlar tus comportamientos negativos (por ejemplo: adicciones y conflictos de pareja). Al controlar tu SER, podrás controlar tu PENSAR, RELACIONARTE, HACER y TENER fácilmente.

Anexo sobre el amor propio versus amor por otros

Es fundamental para la calidad de tus relaciones comprender el amor-por-uno-mismo versus el amor-por-otros. El amor positivo es toda forma de energía positiva y acciones que contribuyen al bienestar de los demás y del mundo.

El amor negativo, también conocido como anti-amor, también conocido como maldad, son todas las formas de energía negativa y acciones que reducen la energía o la organización, dañan, destruyen, causan sufrimiento o injusticia.

Tu amor por ti mismo son tus emociones, tu SENTIR en la Secuencia Causal. Las emociones positivas son amor propio positivo y felicidad. Las emociones negativas son el amor propio negativo y SID.

Sentir = emo = amor propio

BE · FEEL · THINK · RELATE-DO · HAVE

Amor por los demás = Tú haces = acciones.

Tu amor por los demás es tu HACER en la Secuencia Causal (RELACIONAR). Otros no experimentan cómo SIENTES; experimentan lo que HACES, cómo los tratas. Tu amor, positivo o negativo, por los demás es la energía, positiva o negativa, que les das, que usas con ellos. Tu amor por los demás es la forma en que te comunicas y tratas con ellos. Es tu integridad y honestidad con ellos. Es si tus acciones contribuyen y aumentan su bienestar y la calidad de sus vidas, o si tus acciones y comportamientos disminuyen su vivacidad y felicidad.

(Ejemplos comunes de anti-amor en las relaciones: invalidación, juicio, crítica, hostilidad, ira, resentimiento, despecho, manipulación, víctima, dominación/control, culpabilización, desaprobación, retirar afecto o apoyo, conflictos y discusiones, frialdad, recriminaciones, castigos, negar el sexo, por nombrar algunos).

Toma en cuenta que tus emociones, es decir, tus sentimientos, **son irrelevantes** en cuanto a si amas o no amas a los demás. Puedes estar enojado con alguien (tu amor propio negativo) y aun así tratarlo con amor: con espacio, paciencia, compasión y apoyo. Puedes profesar amar a alguien y aun así tratarlo con energía negativa, en cuyo caso tu "amor" es una mentira. La verdad es que estás en contra de amarlos.

(El espacio es la ausencia de toda energía negativa; es la aceptación y el comienzo del amor.)

Otros no sienten tu amor, tus sentimientos. Es posible que ni siquiera sepan cómo te sientes. Y si los estás tratando con anti-amor, no les importará. Ellos no experimentan tus emociones; experimentan la energía y los comportamientos con los que tratas con ellos. Lo que experimentan es si tus acciones aumentan o disminuyen su energía. Ese es tu amor o anti-amor por los demás, no cómo te SIENTES.

Cómo te SIENTES no tiene nada que ver con tu amor por los demás -- a menos que dejes que dicte cómo los tratas, es decir, negativamente cuando estás activado. De nuevo: no confundas amor propio, tus emociones, cómo te SIENTES, con el Amor Verdadero por los demás. Hacerlo imposibilitará el Amor Verdadero en tus relaciones. El verdadero amor es un acto de voluntad; es tu compromiso dar siempre Espacio a los demás para SER como son y No-SER como no son. Es tu compromiso expresado en tus acciones positivas para cuidar, enseñar y hacer crecer las energías a tu alrededor.

Cuando sientes amor por los demás, es decir, emociones positivas, es realmente tu amor por ti mismo lo que estás activando porque estás SIENDO una RIP en relación con ellos como un evento externo. Si ese amor no es una creación de tu voluntad inexpugnable a tus emociones negativas, es sólo un MOP, la activación externa de una masa RIP.

Tu amor es solo Amor Verdadero cuando es tu creación de RIPs y amas todo el tiempo sin importar qué, y se expresa en tus acciones para tratar a los demás solo con energía positiva, sin importar lo que SIENTAS. Cuando la mayoría de la gente dice: "Te amo" lo que en realidad está diciendo es: "**Me haces cosquillas en mis RIPs** y me haces sentir bien, así que debo 'amarte'". No hay mucho Amor Verdadero en eso.

Es fácil amar a los demás cuando te dan energía positiva y te sientes bien. Donde realmente ves si tienes el Poder de SER para Amar Verdaderamente, para Amar Divinamente, es cómo te comportas con otros cuando te están dando energía negativa, dándote anti-amor. ¿Puedes recibir el amor negativo de los demás y responder siempre con espacio, transparencia, serenidad y energía positiva?

Nuestro gran ejemplo de esto es, por supuesto, Jesús, quien en su crucifixión enfrentó el máximo y más doloroso anti-amor que el planeta había inventado, y se quedó en Espacio y perdón, en energía positiva = Amor.

Compara eso con la forma en que la mayoría de los humanos se enojan, se enfurecen, incluso ante pequeños desaires percibidos (un ejemplo es la ira mientras se maneja). Como humanos, nuestra capacidad no entrenada de amar, de amar cuando recibimos anti-amor, energía-neg, es escasa.

16. Masas RIN

Tus identidades y emociones están agrupadas en masas RIN. Una masa RIN es una aglomeración de energía psicánica con varios elementos. Los cuatro componentes más importantes son:

1. Una RIN (Realidad de Identidad de Esencia Negativa).
2. Resistencia a la RIN, resultado de la opinión de Malo-NDB (TT) al respecto.
3. Emoción Negativa (neg amor propio = emociones-neg = Infelicidad).
4. El PENSAR negativo: determinaciones y programas (Libro III).

Sin embargo, todos los componentes posibles incluyen:

1. Varias RINs.
2. **Resistencia** de SER--SENTIR la RIN.
3. Una o más **opiniones de Malo-NDS** a la RIN.
4. Opinión de Malo-NDS al evento detonador o persona.
5. Energía emocional negativa, que es a la vez auto-anti-amor y resistencia a la RIN y a la energía-negativa para atacar el evento detonador / persona (para detener, cambiarlo, castigarlo o destruirlo).
6. Otras creaciones negativas de PENSAR como invalidaciones, críticas, juicios, determinaciones y programas (muy importante).

Ilustración: Una Masa RIN Identidad de Realidad con sus cuatro componentes principales.

Una Masa RIN Identidad de Realidad con sus cuatro componentes principales.

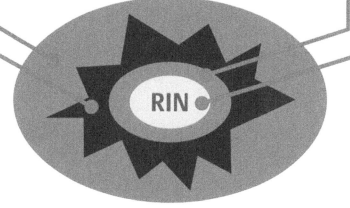

1. La **RIN** en sí misma es una masa de energía que forma una identidad de realidad sobre sí mismo.

2. La **opinión de Malo-NDS** a la RIN, la cual genera **Resistencia** a SER-SENTIR la RIN (la cual detiene la experiencia y por lo tanto la descreación).

3. El **SENTIR-neg = Emoción-neg carga** (enojo, ansiedad, miedo, tristeza, culpa, etc.)

4. El **PENSAR** negativo: invalidaciones, determinaciones, programas, juicios, etc.

Cuando las componentes no sean importantes, representaremos una masa RIN con solo una estrella negativa:

Tus masas RIN permanecen latentes en tu subconsciente hasta que ocurre un evento desencadenante, sobre el cual (inconscientemente) asumes una RIN en relación con ese evento. Por ejemplo, tu jefe te asigna un gran proyecto en el trabajo. Puedes entrar en la identidad de poder de "¡Sí, puedo hacerlo!" en cuyo caso tu amor propio-emo será positivo, como gusto, emoción o entusiasmo. O puedes entrar en una identidad anti-poder, una RIN, de "no puedo hacer esto"; Soy incapaz" o similar. En este caso de RIN, tu amor propio-emo será negativo: ansiedad, preocupación, miedo, ira, frustración, impotencia, desesperación, etc.

Tu activación involuntaria de una identidad anti-poder, de SER esa RIN, sacará toda la masa RIN de tu subconsciente a tu experiencia psicánica-consciente. Nuevamente, puedes experimentar tu activación (MOD) principalmente como una emoción negativa, pero la RIN siempre está ahí, sin excepciones.

Tú-psican, asume, una ID de Esencia (SPVAB) en relación con el evento desencadenante. Tu identidad es quién estás SIENDO en el manejo de ese evento: por ejemplo: poderoso o no poderoso. Esa identidad será positiva o negativa (RIN o RIP). Todo lo demás en tu Secuencia Causal se desarrolla a partir de esa identidad, tu SER. Las RIP producen secuencias causales positivas en todas las arenas. Las RIN producen secuencias causales negativas en todas las arenas. Esto lo veremos en profundidad para las Arenas de la derecha, PENSAR, RELACIONARSE, HACER y TENER en el Libro III. En este libro, estamos interesados en el SER SENTIR y en que tú seas capaz de penetrar tu SENTIR, tu emo-neg para encontrar tu RIN en tu experiencia, no en el pensamiento/mente.

SER (determina) → SENTIR, PENSAR, RELACIONARSE, HACER, TENER

Las cuatro RIN:

Aunque hay docenas de formas de nombrar una RIN o de describirlo con palabras, solo hay cuatro sabores. Cada uno es una polaridad.

1. Sabiduría: eres lo suficientemente inteligente y sabio para manejar el evento; o eres poco inteligente, ignorante o estúpido en relación con el evento.

2. Poder: eres {capaz◇incapaz} de manejar el evento desencadenante. Eres {capaz ◇ incapaz} de producir los resultados deseados. Eres {poderoso◇no poderoso} al lidiar con la situación. Eres {fuerte◇débil} en relación con el evento. Eres un {éxito◇fracaso} en esa área de tu vida.

3. Valía: eres valioso, digno y merecedor en relación con el evento; o no eres valioso; eres indigno o no merecedor, en relación con el evento.

4. Amor: eres una buena ⬦ mala persona en relación con el evento, y por lo tanto eres amable o desagradable. (Está cuarta RIN es cualquier forma de "Soy una mala persona" en cualquier rol, personal o profesional. Ejemplos de roles personales: cónyuge, padre, hijo, hija, nieto. Ejemplos de roles profesionales: abogado, médico, secretario, carpintero, etc.).

Repetimos esto porque es muy importante para comprender toda la experiencia y el comportamiento humano: **Cuando ocurre un evento desencadenante, subconscientemente "recuerdas" de tu subconsciente una identidad, una RIN, en relación con ese evento.** La identidad salta sobre tú-conciencia trayendo consigo toda la masa RIN, todos sus componentes. **Experimentas tu masa RIN principalmente como una emoción negativa (Infelicidad), pero la RIN siempre está ahí** dentro de la emoción.

El movimiento de la masa RIN de tu subconsciente a tu conciencia se llama "**activación**", también conocido como "**MOD**", un **Momento de Dolor**. El mecanismo lo explicamos en el siguiente capítulo.

La polaridad opuesta de un MOD de masa RIN es una identidad de Esencia positiva, una RIP en relación con un evento. Esto activa el movimiento de una masa RIP, una RIP carga la emo de amor propio positivo, desde tu subconsciente a tu experiencia. Las activaciones de las RIPs también se denominan MOP: Momento de Placer. Los MOP son las cerezas de la vida, para ser disfrutadas: el problema surge cuando las personas las confunden con la felicidad y desperdician su vida persiguiéndolas en lugar de trabajar en su SER para alcanzar la Verdadera Felicidad.

De nuevo, por su extrema importancia, porque es el punto de quiebre del ser humano entre vivir en la Víctima y el Drama, versus moverse al Poder y la Felicidad:

Los eventos desencadenantes no crean ni provocan emociones negativas. Solo estimulan a la conciencia masas RIN creadas hace mucho tiempo, --generalmente en la infancia les decimos a los exploradores principiantes en psicánica, aunque la verdad es que son parte de su cascarón de identidad humana, que tu-psican creaste antes de encarnar. **El propósito de su creación es contra-crear tu naturaleza espiritual de SPVAB para que puedas explorar las Condiciones del Juego y el Drama.**

Comprende: cada vez que experimentas una activación/MOD no estás experimentando una emo-neg *recientemente creada en ese momento*. ¡NO! Estás experimentando la misma RIN y las mismas cargas de energía emocional una y otra vez. Son las mismas masas que se activan en tu percepción y luego se sumergen nuevamente en tu subconsciente (fuera de la percepción) una y otra vez. Continuarán haciendo esto hasta que descrees la masa, que es exactamente lo que hace la TTS.

Tú-psican puedes tener un número limitado de masas RIP, cada una con una cantidad limitada de carga.

Las masas RIN que no descrees, cuando se presente la oportunidad de su activación, eventualmente regresarán a tu subconsciente, a menudo ayudadas por sustancias adictivas y actividades de distracción. Permanecerán latentes en tu subconsciente, esperando el próximo botón.

Tus masas RIN seguirán moviéndose de un lado a otro de tu subconsciente a tu conciencia hasta que los descrees.

Observa cómo has estado viviendo los mismos MODs, las mismas experiencias de masa RIN y algunas emociones, una y otra vez. Los factores desencadenantes son infinitamente variables como lo es la vida, pero sus masas RIN son las mismas que "vibran" de un lado a otro entre tu subconsciente y tu conciencia-experiencia. Recuerda, tienes 4 masas principales, las 4 RIN. Cada una tiene submasas y tal vez una docena de variaciones. Es mucho ECRE, pero ni siquiera está cerca de infinito.

Para el ser humano ordinario que opera en la Secuencia de Identidad Fatal, parece que los eventos desencadenantes están causando sus MODs. Pero esto es una ilusión, una alucinación, como lo es la Identidad Fatal. La persona lleva sus Masas RIN con él todo el tiempo, dondequiera que vaya. Los eventos solo desencadenan lo que siempre está ahí (hasta que se descrea). Todo esto lo veremos en el próximo capítulo.

La Secuencia Causal: tu SER determina tu SENTIR

- Las identidades positivas (RIPs) generan emociones positivas (+SENTIR). Si estás en emo-pos, estás en un RIP
- Las identidades negativas (RINs) generan emociones negativas (Infelicidad). Si estás en emo-neg, estás en una RIN. (¡Descrealo!)
- Todos los comportamientos negativos (HACER) son intentos de detener tu SER-SENTIR negativo y producir SER-SENTIR positivo. Los ejemplos de HACER-neg para controlar SER-SENTIR incluyen adicciones y conflictos en tus relaciones.
- Cambia tu SER y tu SENTIR cambiará automáticamente, y es fácil cambiar tu RELACIONAR, HACER y TENER.

Para transformar toda tu vida, transforma quién estás SIENDO descreando todas tus RINs y recreando tu Ser en RIPs.

17- Activaciones / MODs

Cómo funcionan las activaciones de tus Masas RIN

En este capítulo, examinamos a profundidad de dónde vienen tus emociones negativas y cómo funcionan. Habrás notado que van y vienen, dentro y fuera de tu experiencia; tienes activaciones MOD diarias, incluso cada hora. Tus emociones negativas son un elemento de las masas RIN que residen en tu subconsciente. Son **resistencias negativas al amor propio** que eres, a tu SER, cuando estás en una RIN.

Este capítulo es el cómo y el porqué de sus viajes del subconsciente a tu conciente y viceversa. También presenta la solución para eliminar tu neg-emo para siempre. Una vez libre de emociones negativas y habiendo aprendido a mantener tu Ser en RIP todo el tiempo, naturalmente vivirás en la parte superior y positiva del espectro emocional: la Verdadera Felicidad. Tus más bajos momentos serán de paz y serenidad; tus momentos más altos en la vida: pasión y alegría.

Solo se necesitan una o dos horas de TTS correctamente piloteado para eliminar la emoción negativa asociada con cualquier botón en particular.

Consciente <> Subconsciente

Eres conciencia; estás formado de conciencia. Eres una esfera o globo de conciencia (así como todas las demás Características de Esencia: todo es Una Energía). Tu conciencia es un campo de energía que detecta, percibe, experimenta, otras energías (realidades). Podrías pensar en ella como una telaraña que vibra cuando un insecto se posa sobre ella. También puedes pensarlo como la pantalla de tu computadora o celular en blanco hasta que llegan señales de energía de la programación para poner imágenes e información (realidades) en la pantalla.

Tu subconsciente es el espacio psicánico alrededor de tu-psican en el que tus ECRE están fuera de tu percepción del tiempo-presente. (Recordatorio: Tus ECRE psicánicos incluyen tus identidades, emociones, pensamientos, recuerdos, motivaciones a la conducta, energías de relación, etc., y sobre todo: tus masas RIN.)

Ilustración: Psican, Consciente y Subconsciente

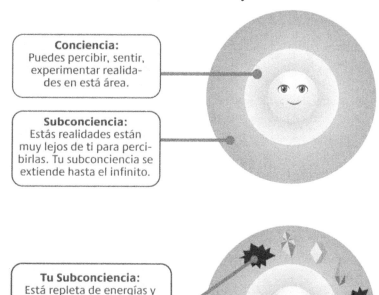

Activaciones

Tus activaciones ocurren cuando un evento desencadenante activa una masa RIN en tu experiencia. Tus activaciones son Momentos de Dolor (abreviado: MOD). MOD son tus periodos, o "ataques", de emociones negativas, de Infelicidad. A la activación de la emoción positiva (amor propio por SER RIP), se le denomina MOPs, Momentos de Placer. Sin embargo, a menos que se especifique como MOP, una activación siempre se refiere a la activación de una masa RIN, un MOD.

- MOD: Momento de Dolor: activación de una masa RIN.
- MOP: Momento de Placer: activación de una masa RIP.

Definición: Una **activación** es el movimiento de una masa RIN desde tu subconsciente (fuera de la percepción), a tu experiencia consciente, a tu SENTIR. Una activación es el salto de una RIN con todos los elementos que lo rodean desde tu subconsciente a tu conciencia, donde lo experimentas principalmente como emociones negativas, como Infelicidad. Un sinónimo de activación es MOD. La vida como MOD recurrente es la esencia de Drama y Infelicidad.

Aunque es posible que solo sientas o seas consciente de la emoción negativa, la RIN siempre está presente dentro de la emo-neg. Si tu emo-neg es muy fuerte, es posible que no percibas la RIN ya que tu percepción puede quedar ahogada por la cantidad e intensidad de la emoción.

Dentro de todas las emo-neg=MODs=Infelicidad,
Siempre hay RINs.
SIN EXCEPCIONES CONOCIDAS.

Tu activación es tu RIN más tu amor negativo a ti mismo por ser ese RIN. Las masas RIN están latentes en tu subconsciente, y cualquier evento negativo (desde tu perspectiva) puede desencadenarlas en tu experiencia.

Las gelatinas son personas que pueden sentir fácilmente; son muy emocionales. Tienden a ser impulsivos en sus conductas y a vivir en Víctima.

Las piedras son personas que tienen su sentir (emociones) cerradas hasta cierto punto. Ellos tienden a ser mentales y "fríos" comparados con las gelatinas. Las piedras pueden tener problemas para encontrar sus RINs porque tienen sus sentimientos bloqueados y solo las emociones fuertes los atraviesan. Explicaremos gelatinas y piedras en capítulos posteriores.

Nuestro objetivo siempre es penetrar la emo-neg, encontrar la RIN, descrearlo y recrear nuestro SER en RIPs. Repite esto en cada activación, y eventualmente no tendrás más RINs y, por lo tanto, no tendrás más emo-neg.

Ocurre un evento y el psican asume una identidad, un estado de SER, en relación con el evento. La identidad creación-realidad (NEIR) pasa del subconsciente a la experiencia trayendo consigo todos sus otros elementos, particularmente el amor propio+/-.

Ilustración: Activación, también conocido como MOD.

Activación, también conocida como MOD

Cualquier evento desencadenante

Una activación (MOD) es el movimiento de una masa RIN de tu subconsciente (fuera-de- percepción) → a tu conciencia =percepción= sentir.

Eventos externos "malos" pueden desencadenar las masas RIN y saltar del sub-consciente al consciente pero nunca los crean o los

Qué descrear

Es la RIN lo que debes descrear, no es la emo-neg. Para descrear la RIN, tendrás que descrear toda resistencia a SER-SENTIR la RIN, que se puede hacer mediante Exp2 en la Rxx, o descreando Malo-NDS (que es la creación que activa la Rxx). Una vez más, viene un capítulo sobre esto.

Descargar y descrear emociones negativas es generalmente una pérdida de TE (Tiempo y Energía). Puedes descargar la emoción experimentándola sin descrear la RIN. Sin embargo, si no descreas la RIN, la emoción se regenerará sola porque es tu amor-neg propio por SER la RIN. Al descrear la RIN, la emo-neg desaparecerá por sí solo.

Hay situaciones especiales de TTS en las que un piloto enviará al explorador a experimentar emociones, pero siempre hay un motivo concreto. Por ejemplo, en el Curso de TTS de Psicánica, los estudiantes "piedra" se enfocan en las emociones para rehabilitar su capacidad de abrirse y sentir la energía negativa sin resistencia.

Evento, Evento externo

La palabra "evento" se usa de manera muy general. Un evento es cualquier cambio o movimiento de cualquier cosa en tu mundo, cualquier ocurrencia. Puede ser algo que alguien dice o hace. Puede ser una persona o cosa que entra o sale de tu vida (por ejemplo, la llegada de los suegros, divorcio, muerte, pérdida de dinero). Puede ser incluso una situación estática o una circunstancia (tener deudas, infidelidad del cónyuge, no tener trabajo).

Evento desencadenante, gatillo.

Un gatillo es cualquier evento en tu vida que activa tus masas RIN, ergo tus emociones negativas. Cualquier cosa puede ser un desencadenante: una persona, un suceso, una situación, un pensamiento. Los desencadenantes pueden ser externos, como algo que alguien dice o hace; o interno: nuestros propios pensamientos y recuerdos pueden activarnos. (Nota: un evento positivo puede desencadenar una masa RIP, es decir, un MOP, pero a menos que se especifique como positivo, "desencadenante" siempre significará un desencadenante de masa RIN).

Cómo funcionan los gatillos/desencadenantes

Cada vez que ocurre un evento negativo, por ejemplo, alguien dice o hace algo que no te gusta, inconscientemente asumes una identidad, una RIN, en relación con el evento. A la velocidad del pensamiento inconsciente (es decir, casi instantáneamente), tu masa RIN se mueve sobre ti y sufres la carga emo-neg-amor propio. Esto está sucediendo una y otra vez a medida que avanzas en la vida.

Por ejemplo, entras en una nueva situación social. Conocer gente nueva, especialmente si juzgas que son mejores que tú de alguna manera, puede desencadenar RIN de anti-valía como: "No soy lo suficientemente bueno (lo suficientemente inteligente, lo suficientemente poderoso, lo suficientemente rico, lo que sea); soy menos que; No valgo nada; Soy pequeño; no soy importante; Soy invisible; No importo mucho", etc. Experimentarás emociones incómodas como timidez, miedo al rechazo, dudas, falta de confianza, sensación de fuera de lugar, incluso tristeza o soledad (incluso en medio de una multitud).

Otro ejemplo: te acercas a alguien y eres rechazado o desairado. Te activas en los mismos RINs de anti-valía: No soy lo suficientemente bueno; Soy menos que los demás: soy indigno. Tu neg-amor-propio-emo será tristeza, soledad, tal vez vergüenza. Estas identidades impiden que los hombres se acerquen a las mujeres y son la raíz de todos los celos.

Los gatillos parecen causar MODs

Para una persona que vive en la Secuencia de Identidad Fatal (yo no soy el creador de mi experiencia; las cosas externas provocan mis sentimientos), quien por lo tanto no es responsable de su experiencia; parecería que el gatillo provoca su MOD/Infelicidad. El evento desencadenante ocurre y sus emociones negativas aparecen, una y otra vez. Naturalmente, asocia causa-efecto a esa secuencia de eventos.

El percibe:

Gatillo → MOD → supuesto: eventos externos causan mi Infelicidad.

Lo que no entiende es que entre el gatillo y su emo-neg está su Yo, su SER, sus identidades, sus RINs. Lo que no entiende es que su Punto de Poder, de control y cambio, son sus identidades, no los eventos, y no sus emociones. No puedes hacer mucho con tus emociones negativas directamente (excepto la supresión y las drogas que no son saludables). Tus emociones negativas son tus respuestas automáticas de amor propio a tus identidades negativas (RINs). Lo que puedes controlar son tus identidades; estos se pueden crear y descrear a voluntad

Enfatizamos: Decimos "aparecer" porque los eventos nunca, nunca, causan tu experiencia psicánica. Es imposible que algo externo te cree o te provoque alguna experiencia psicánica interna. Imposible. Tus identidades determinan tus emociones: SER SENTIR; nunca tu TENER, los eventos en tu vida. Los eventos solo activan tus RIN con sus masas de emoción negativa. Tus masas RIN son tus creaciones y siempre están presentes en tu subconsciente hasta que las descreas.

Tus emociones-neg son cargas de energía negativa de amor propio que has creado alrededor de tu SER-neg (RIN). Tus masas RIN son energías psicánicas que llevas contigo en tu subconsciente todo el tiempo y dondequiera que vayas. La verdadera secuencia de eventos es:

Gatillo → RIN ← emo-neg
Tu Punto de Poder es la RIN.
Nunca puedes detener todos los gatillos, ni puedes controlar emo-neg directamente.

Tus gatillos en la vida pueden ser muchos y variados, pero observa que tus sentimientos son las mismas cargas emocionales una y otra vez. Y seguirán activándose una y otra vez hasta que descrees la RIN. Mientras existan las masas RIN en tu subconsciente, siempre serán sensibles a la activación por eventos negativos. Como la vida misma es una Polaridad con eventos positivos y negativos (desde cualquier punto de vista humano), puedes depender de la vida para que siempre te suministre con eventos gatillo si tienes RINs disponibles.

La clave del poder mágico sobre la vida es descrear tus RIN, lo que disipa tus masas de energía emocional. Si no tienes RIN, no hay nada allí para activar. Vivirás en serenidad y paz sin importar los eventos externos. De esa serenidad y paz, tendrás más sabiduría y más amor para manejar eficazmente las situaciones externas.

MOPs

Momentos de placer, que son las activaciones de tus RIPS y del amor propio positivo. Por ejemplo, ganar una apuesta en el póquer o en un partido deportivo, o completar un proyecto en el trabajo. En relación a ese evento, inconscientemente asumes una RIP como: "Yo lo hice; Soy un ganador; Soy poderoso; Soy un éxito". Las identidades positivas siempre irán acompañadas de un amor propio positivo que son las emociones positivas: satisfacción, entusiasmo, celebración, alegría, etc.

Si estuvieras libre de todas las masas RIN, ergo de MOD y Infelicidad, y por lo tanto viviendo en RIP por tu creación y todo el tiempo, estarías en la Verdadera Felicidad.

No podemos considerar a los MOPs felicidad cuando el SER está en la Búsqueda Externa buscando y dependiendo de eventos externos para producir, para desencadenar su experiencia positiva (MOP). Hay varias razones para esto:

#1- No hay causa real, control, decisión, creación y mantenimiento por parte del SER de Quien Ella Es. Ella vive bajo el efecto de eventos externos y depende de eventos externos para generar su experiencia.

#2- Una persona que no ha hecho el trabajo de descreación interna necesaria para eliminar sus RINs, los tendrá toda la vida. Continuarán activándose y los MOD resultantes dominarán y eliminarán a los MOP.

#3- Nadie tiene el poder de controlar tanto el mundo como para hacer de la vida un flujo constante de solo desencadenantes positivos. Controlar el mundo para ser feliz es el Sueño Imposible.

#4- Los MOP no duran mucho. Así como los MOD eventualmente vuelven al subconsciente, también lo hacen los MOP. Piensa en varios MOP que hayas logrado, cosas que pensaste que te harían feliz a largo plazo. ¿Cuánto tiempo duraron? Por ejemplo, ¿cuánto dura el placer de un coche nuevo? La mayoría de la gente dice menos de tres meses, muriendo día a día.

Una persona en Verdadera Felicidad puede mantener su experiencia de SER RIP sin importar lo que suceda en su mundo. <u>Ha parado de dejar que los acontecimientos "decidan" quién es ella</u>. Ella crea y controla conscientemente Quién es ella, RIPs. Mantiene conscientemente sus identidades positivas frente al mundo, frente a todos los eventos desencadenantes negativos.

**MOPS
MOMENTOS DE PLACER**

MOPs son la activación de una masa RIP con su amor-propio positivo emoción por un evento desencadenante positivo. Los MOP no son la verdadera felicidad porque:

1. La persona es dependiente de lo externo para sentirse bien (búsqueda externa); y
2. Mientras tengas RINs, seguirán activándose, lo que hará que los MOP sean de corta duración.

Evento positivo activa Masa RIN

Revisión de Definiciones

Infelicidad: Sufrimiento, Infelicidad y Dolor

Tu única Infelicidad en la vida son tus activaciones de tus masas RIN con sus emo-neg (MODs). Tu Infelicidad nunca son los eventos, sino tus activaciones id-emo-neg sobre esos eventos. Los eventos nunca causan sus activaciones; sus NEIR lo hacen.

MOD: Momentos de Dolor

MOD es la abreviatura de **Momentos de Dolor**. **MOD es sinónimo de activación.** Un MOD, una activación, es el salto de una masa RIN desde tu subconsciente a tu conciencia donde lo experimentas como emoción negativa, como dolor, como Infelicidad. Un MOD existe todo el tiempo que una persona experimenta energía mental y emocional negativa. Las activaciones de un MOD pueden durar desde unos pocos segundos hasta horas, días, en algunos casos, años (por ejemplo, duelo por la muerte de un hijo o resentimiento por un divorcio). La TTS puede finalizar cualquier MOD en unas pocas horas descreando los RIN detrás de él.

MOP: Momentos de Placer

MOP es la abreviatura de Moments of Placer. Un MOP es lo opuesto a un MOD. Los MOP son las activaciones de emociones positivas (amor propio) que disfrutamos cuando alcanzamos alguna meta o experiencia placentera (sexo, éxito, dinero, vacaciones, viajes, aumento de sueldo, casarnos, divorciarnos, etc.). Un MOP es la activación de una masa RIP con sus emociones positivas que experimentas cuando la vida te presenta un evento desencadenante positivo, y asumes SER una RIP en relación con ese evento.

Los MOP existen porque los eventos y logros positivos activan nuestras RIPs de SER inteligente, capaz (poderoso), valioso o bueno (SPVAB). Las RIP están naturalmente acompañadas por el amor propio positivo que son las emociones positivas (al igual que las RIN siempre están acompañadas por el amor propio negativo).

El gran problema de los MOP es que la gente los confunde con la felicidad. Los MOP son el **espejismo** de la felicidad, no la Verdadera Felicidad. Luego entran en la **Búsqueda Externa**, el **Sueño Imposible** de lograr la Verdadera Felicidad acumulando MOPs: posesiones y propiedades materiales, relaciones, éxito, riqueza, fama, poder. (Veremos la búsqueda externa en un capítulo posterior).

Como mencionamos anteriormente, los MOP no son la Verdadera Felicidad porque dependen de desencadenantes externos y, por lo tanto, no están bajo el control del SER. Vienen y van como nuestra fortuna, según consigamos o dejemos de conseguir lo que queremos. Los MOP siempre son **fugaces;** siempre pasan, ya sea desapareciendo en una hora, un día o una semana, o arrasados por el siguiente MOD. (¿Cuánto tiempo duró el MOP cuando te graduaste de la escuela, obtuviste tu primer trabajo o recibiste un aumento de sueldo?)

La verdadera felicidad es todo el tiempo, sin importar lo que suceda en la vida. Es un estado de emociones positivas (ergo amor propio) todo el tiempo. Es independiente y libre de condiciones externas. No se ve afectado por desencadenantes; está libre de activaciones / MODs.

La verdadera Felicidad es un estado de SER, de ser RIPs todo el tiempo. Tal persona ha descreado todas sus RIN, ergo, no tiene activaciones, ni MOD, ni Infelicidad. No tiene eventos de masas RIN para desencadenar. Por lo tanto, vive en amor propio-gozo todo el tiempo, independientemente de lo que ocurra en su vida. No necesita nada fuera de sí mismo para ser feliz todo el tiempo y no se ve emocionalmente afectado (SER-SENTIR) por eventos negativos.

En la Verdadera Felicidad, el psican ha descreado todas sus RIN y puede mantener sus identidades RIP sin importar las situaciones (desencadenantes) que presente la vida. Sus RIPs → Felicidad son totalmente independientes.

Una persona que no entiende la diferencia entre MOP y la Verdadera Felicidad desperdiciará su TE (Tiempo y Energía) persiguiendo y acumulando MOPs en lugar de trabajar en sí mismo con TTS para crear la Verdadera Felicidad. Como se mencionó anteriormente, esa persecución externa de la felicidad se llama la Búsqueda Externa y, como es imposible el éxito, también se llama el "Sueño Imposible".

Los MOP no son malos ni incorrectos; son para disfrutar. Sin embargo, no deben confundirse con la Felicidad y nunca ser el centro de tu vida: en última instancia, son experiencias vacías y fugaces en comparación con la Verdadera Felicidad.

Ejemplos de MOP comunes:

- Fiestas o salir con amigos.
- Beber
- Drogas
- Viaje
- Compras
- Vacaciones
- Enamorarse
- Casarse

Importante: los MOP no son malos ni incorrectos; son para disfrutar. Son las cerezas de la vida. El problema entra cuando una persona los confunde con felicidad y centra su vida en perseguir y lograr MOPs (que es como viven los SHO). Las personas buscan MOPs con la ilusión de que algún día finalmente serán felices cuando obtengan suficientes cosas correctas (lo que sea que crean que producirá su felicidad). Lo correcto, el Anillo Dorado del Carrusel de la Búsqueda Externa, varía de persona a persona. Los objetivos comunes de "felicidad" son las relaciones, el matrimonio, la familia, los hijos, el sexo, el éxito profesional, el dinero, las posesiones y propiedades materiales, la fama, el poder.

La Búsqueda Externa también mantiene a la persona en la montaña rusa de "Nunca es suficiente". Como nada externo puede producir la Verdadera Felicidad, una persona en la Búsqueda Externa nunca estará satisfecha por mucho tiempo. El MOP pasará y volverá a sentir la insatisfacción de fondo de toda la vida del SHO, la sensación de que algo le falta, incluso de un completo vacío. No importa cuánto alcance una persona en la Búsqueda Externa de fama y fortuna, siempre se sentirá que no es suficiente, que necesita más. Nada externo puede jamás llenar el vacío interior.

Leyes de la psicánica

Las activaciones destruyen la Sabiduría.
La falta de Sabiduría destruye el Poder.
La falta de Sabiduría destruye el Amor.
La falta de Poder impide el Amor.

Sin la Sabiduría y el Amor que guían el Poder, el Poder destruye.
Sin Sabiduría que lo guíe, el Amor destruye.

(Definición: Poder: tu capacidad para producir los resultados deseados).

Cuando estás activado, estás en una RIN. PENSARÁS y HARÁS, decidirás y actuarás, desde tu estado negativo de SER. El SER negativo produce naturalmente PENSAR-neg (anti-sabiduría) y HACER-neg, y estos naturalmente producen resultados negativos, TENER-neg.

Has experimentado esta ley muchas veces. ¿Alguna vez has tratado de entrar en razón con una persona que está enojada o temerosa? ¿Cuántas veces te has arrepentido de algo que dijiste o hiciste cuando estabas enojado? ¿Cuántas veces has dejado que el miedo te impida actuar? ¿Con qué frecuencia la gente deja que la codicia o el miedo afecten sus decisiones de inversión?

Ley: **Sin Sabiduría, tanto el Amor como el Poder destruyen.**

Sin la guía de la sabiduría, tanto el amor como el poder destruyen. Esta ley también la vemos en funcionamiento todos los días. ¿Cuántos padres, en nombre del amor, miman a sus hijos de tal manera que de adultos son irresponsables, o no pueden trabajar, o se vuelven alcohólicos o drogadictos? ¿Cuántas personas, con la mejor de las intenciones, entran en relaciones con una comprensión insuficiente del amor para hacerla funcionar? (La tasa de divorcio en los EE. UU. es actualmente de alrededor del 50 %). Nota: el amor verdadero en las relaciones no se parece en nada a lo que la mayoría de la gente cree: requiere sabiduría. (Presentaremos las Leyes del Amor Verdadero en los libros psicanicos sobre relaciones.)

Esta ley también se aplica a las activaciones positivas. Un gran ejemplo es cuando las personas "se enamoran", cuando están enamorados el uno del otro. En el calor de su emoción, cometen el gran error de casarse, solo para finalmente divorciarse. "Enamorado" es una activación, una positiva, un MOP, pero una activación al fin y al cabo. Todas las activaciones, **positivas o negativas,** causan turbulencia en la mente y destruyen la sabiduría y por lo tanto el poder para producir los resultados deseados.

Si estás "enamorado" disfrútalo todo lo que puedas, pero no hagas compromisos a largo plazo hasta que pase la emoción. No es aconsejable casarse con una persona de la que estás enamorado mientras estás en esa activación. Tu activación es en realidad amor propio porque estás asumiendo una RIP en relación con esa persona. Te sientes sabio, poderoso, valioso, amoroso, apreciado en la relación. El amor que sientes y atribuyes a la otra persona es realmente amor por ti mismo en tus identidades positivas. Recuerda, el amor por ti mismo es cómo SIENTES; amar a los demás es lo que HACES, cómo los tratas: con energía positiva = amor, o con energía negativa = amor-neg.

A quien debes buscar para casarte es a tu mejor amigo. Quieres casarte con una persona que sepa lo peor de ti y aún así te acepte y te ame. Quieres casarte con una persona en la que puedas confiar para mantener tu palabra y tus acuerdos. Quieres casarte con una persona con la que tengas valores y metas en común. Quieres ser y casarte con alguien que pueda amar por su voluntad de hacerlo, no por cómo se sienta en ese momento.

Si estás "enamorado" de alguien, disfrútalo al máximo, pero no tomes decisiones a largo plazo basadas en tus emociones hasta que hayas eliminado las negativas. Los humanos vienen con paquetes de masas RIN y están en la búsqueda externa para controlarlos. El matrimonio aumenta los factores desencadenantes. Dos paquetes de masas RINs que se activan entre sí generalmente dan como resultado una relación que desciende en espiral hacia más y más reactividad y energía negativa hasta que parece que la única solución es alejarse el uno del otro, es decir, el divorcio. Las personas libres de masas RIN, SHE, tienen relaciones naturalmente libres de emo-neg, de reactividad; viven en serenidad, armonía, amor y cooperación.

Además, tu enamoramiento no es con la otra persona; es contigo mismo SIENDO las RIPs que estás activando en relación con esa persona. Hasta que tomes el control de tu SER, descrees tus RINs y te recrees en RIPs, tu experiencia, emociones y Felicidad<>Infelicidad siempre estarán bajo el efecto de eventos externos (en este caso la persona de la que estás enamorado). Enamorado, te casas como parte de tu Búsqueda Externa tratando de mantener tu experiencia positiva manteniendo a esa persona cerca de ti. Esto no funciona como lo demuestra el porcentaje de divorcio del 50% y que el 40% del otro 50% permanecen juntos pero en relaciones infelices de energía negativa.

Fin del capítulo

18. Tus Dos Caminos

Hay dos formas, dos caminos, por los cuales puedes manejar tu experiencia psicánica negativa, tus MOD e Infelicidad.

Camino #1- Cómo el SHO (Ser Humano Ordinario) en la Secuencia de Identidad Fatal y el Drama percibe y reacciona a la vida:

Botón detonador → causa mi Infelicidad.

Soluciones: (Ninguna funciona para producir felicidad)

A. Atacar el gatillo con energía negativa para cambiarlo, detenerlo, castigarlo o destruirlo y así que termine mi MOD y evite futuras activaciones. Esto provoca conflictos en las relaciones.

B. Suprimir mi experiencia negativa con sustancias o actividades distractoras.

Ambos son Búsqueda Externa.

La Búsqueda Externa incluye:

A. atacar a la persona desencadenante para cambiarla, detenerla o castigarla; o
B. ingerir productos químicos (medicamentos o drogas ilegales);
C. suprimir el SID con otras sustancias adictivas;
D. utilizar actividades de distracción, que también se convierten en adicciones;
E. buscar un MOP para sentirse mejor.
F. todo lo anterior.

Tu solución de búsqueda externa puede funcionar para cambiar tu experiencia por el momento, pero no hace nada por ti a largo plazo, ya que está dejando intacta la masa causal de la RIN.

Camino #2 - Cómo un SHE (SER Humano Enlightened) entiende y opera su vida.

Botón → estimula mis RIN → produciendo mi Infelicidad.
Soy el creador y único responsable de mi Infelicidad.

Solución:

1. Agradecer al gatillo por mostrarme dónde trabajar en mi Ser.
2. Descrear mis RINs y energizar mi Ser en RIPs.
3. Disfrutar de mi alegría de amor propio.
4. Repita con cada activación hasta que ya no tenga RINs y MOD y mi SER son puras RIPs y amor-gozo.

—————————————————————————————-

Cada vez que te activas, te encuentras en una bifurcación en el camino de tu felicidad. Tienes dos caminos: Búsqueda Externa o TTS. Puedes resistir tu experiencia y suprimir la activación, o puedes descrearla descreando la RIN.

El camino que elijas es fundamental para tu felicidad.

Camino #1: Puedes ignorar la activación y pasar al HACER negativo de la Búsqueda externa, los Comportamientos de Don Quijote, para tratar de manejar tu Infelicidad, como mencionamos anteriormente.

La activación, la masa RIN, finalmente se hundirá en tu subconsciente (horas, días, incluso meses después). Sin embargo, no has hecho nada para reducir esa masa RIN y continuará activándose en tu experiencia cada vez que haya un gatillo apropiado en tu vida.

Siempre habrá gatillos: es la naturaleza de la vida que ganas algo y pierdes algo. Nadie tiene el poder de controlar, de conseguir siempre lo que quiere en la vida, especialmente lo que hacen y dicen los demás.

Los problemas que esta estrategia incluye son:

- Los elementos externos no causan tus MODs.
- Incluso si lo hicieran, nadie que haya vivido alguna vez ha tenido suficiente poder para siempre controlar a los demás y los eventos externos.
- Las adicciones y las compulsiones causan daños a su salud, finanzas y felicidad.
- Tus esfuerzos por controlar a los demás se encontrarán con resistencia y conflictos.
- Sobre todo: tus RINs continúan existiendo y activándose. La naturaleza de la vida es que ganas un poco y pierdes. Mientras tu felicidad dependa de cosas externas vivirás MOD tras MOD y tus MOPs serán fugaces. No esperes ser mucho más feliz de lo que has sido hasta la fecha.

Camino #2 requiere la descreación de la masa RIN. Cada activación es la oportunidad de descrear esa masa RIN. No puedes descrear nada que no estás experimentando. No puedes descrear tus masas RIN cuando están en tu subconsciente; sólo cuando los estás experimentando; es decir, cuando están activados.

Ilustración: Los dos caminos de la vida

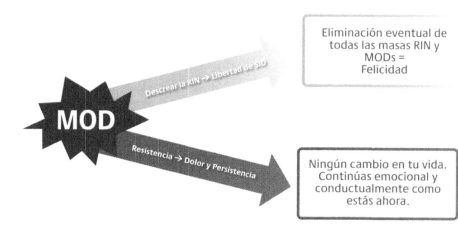

Cómo controlar tu mundo externo

Una vez que controles tu mundo interno, descubrirás que puedes controlar tu mundo exterior en gran medida. A medida que restauras tu SER a Esencia, tu Sabiduría, Amor y tu Poder de manifestación crecerán. Están, de hecho, proporcional a tu experiencia y expresión de Esencia, a tu recuperación de tu Divinidad. Esa recuperación comienza con la descreación de tus contra creaciones, tus represiones, a tu Esencia.

Resumen:

Repetimos la esencia de este capítulo porque este entendimiento es muy crítico para tu felicidad:

Lo que haces con tus activaciones es
fundamental para tu verdadera felicidad.

Tienes DOS CAMINOS:

#1- El Camino de la No-acción y Infelicidad Continuo

Si ignoras tus MOD, o los suprimes, los drogas o los cubres con MOPs; eventualmente se hundirán de nuevo en tu subconsciente. Serás libre experiencialmente de esa emo-neg, pero solo por un tiempo; hasta el siguiente gatillo. Esa masa RIN permanece dentro de ti, latente en tu subconsciente, como un arma cargada lista para disparar de nuevo cuando la vida aprieta tu gatillo. El próximo desencadenante lo disparará nuevamente a tu experiencia, donde nuevamente sufrirás el mismo Infelicidad, una y otra y otra vez hasta que lo descrees. Ese es el camino de Sísifo hacia la felicidad: no funciona.

> **Ilustración: Sísifo:** En la mitología griega, Sísifo era el rey de lo que ahora es Corinto. Los dioses castigaron su arrogancia y sus engaños al sentenciarlo por toda la eternidad a hacer rodar una inmensa roca montaña arriba donde, cerca de la cima, se le escaparía de las manos y rodaría hacia abajo para empezar todo de nuevo. Los esfuerzos de Sísifo son aquellos que nunca pueden dar fruto, no importa cuántas veces se intente.

#2- La Carretera a la Felicidad

La "Carretera a la felicidad" consiste en tomar cada activación a medida que ocurre (o tan pronto como sea posible si no puede procesar en ese momento) y descrear la RIN. Eso libera tu emo-neg y te libera del MOD. Repite esto en cada activación y eventualmente estarás libre de toda la Infelicidad.

En el Sistema de Transformación de Vida de Psicánica, los estudiantes mantienen un registro de sus activaciones y Secuencias Causales negativas. Luego procesan sistemáticamente cada una. Esto conduce a la eventual descreación de todas sus masas RIN, de modo que ya no tienen activaciones.

Nuevamente: aplica TTS a cada activación y eventualmente no tendrás activaciones. Vivirás en serenidad y paz, sabiduría y poder.

19. Encontrando tus Identidades

La vida interior de la mayoría de la gente es una jungla de ECRE de todo tipo sobre la cual solo tienen distinciones mínimas y menos control. Los hay positivos y también identidades de Esencia negativas, roles humanos, personajes, personalidad, la mente con su miríada de tipos de pensamientos, las emociones, impulsos y compulsiones a conductas, adicciones, recuerdos dolorosos y traumas, muchas creencias erróneas, programas y paradigmas, víctima, y muchos otros tipos de energías y aberraciones, a las que llegaremos en los libros avanzados.

Al aprender psicánica, estás aprendiendo jardinería interna y re-decoración. Usando la TTS, puedes eliminar tu ECRE negativo y plantar identidades-realidades-experiencia positivas para convertir tu jungla interna en un jardín de Felicidad. Hay un camino rápido, un camino directo, un atajo, una vía rápida para hacer esto: transformar sus RINs en RIPs. Si tuvieras que descargar-descrear todos tus ECRE negativos uno a uno, te llevaría vidas. Al ir directamente al creador (tú-el-SER) y re-crear al creador, todas tus creaciones cambian automáticamente para adaptarse a tu nuevo TÚ.

La esencia de la TTS (Tecnología de Transformación del SER) es:

Encuentras, *en tu experiencia (SENTIR)*, *no en tu mente (PENSAR)*, tus RIN y las descreas. Luego vuelves a crear tu Ser como RIP. Esto cambiará "mágicamente" los otros elementos de esa Secuencia Causal en tu vida. Repite la descreación en cada masa RIN, y pronto transformarás toda tu vida.

La Secuencia Causal de la Vida comienza con **SER→ SENTIR: tus identidades determinan tus emociones.** Tus emociones=/-, recuerda, son tu amor propio+/-.

- Las emociones positivas te muestran que has activado una RIP. Estás SIENDO una identidad SPAVF positiva y te estás amando a ti mismo, que es la base de la verdadera felicidad.
- Las emociones negativas te dicen que has activado una RIN. Estás experimentando emo-neg, que es amor propio-neg por estar en una identidad anti-SPVAF (RIN). ¡HORA DE DESCREAR!

**Dentro de cada activación MOD (emo-neg),
siempre hay una o más RIPs.**

Antes de que puedas descrear una RIN, debes encontrarlo en tu experiencia, sintiéndolo. ¡No uses tu mente para esto! Afortunadamente, es relativamente simple sentir dentro de tu emo-neg y encontrar la RIN en tu experiencia. Entonces te permites SERlo, que es SENTIRLO. Si estás SIENDO tu RIN, SER-SENTIRLO, lo descrea.

Experiencia versus Mente

Tú-psican tiene dos modalidades de operación: Experiencia-sentir y mente-pensar. **TODA DESCREACIÓN SE REALIZA en la EXPERIENCIA.** Pensar, estar en tu mente, atender tus pensamientos, bloquea la descreación porque bloquea la experiencia directa de tu ECRE. (Es por eso que las psicoterapias mentales (como el psicoanálisis) que se enfocan en pensar, recordar, analizar, hablar o tratar de entender tus problemas toman tanto tiempo y, aun así, tienen resultados tan pobres. *(Yo he tenido más de un estudiante que se pone de pie en un seminario y dice que ha logrado más cambios en una sesión de TTS que en años de psicoterapia).* (Tiempo y Energía) del explorador y el piloto *(hablaré más sobre la dicotomía SENTIR◇PENSAR en la Sección II de este libro).*

La esencia de la TTS es que la conciencia del creador psicánico entre en su SER. Tu SER comprende la Envoltura que incluye todo tu ECRE psicánico generando toda tu experiencia humana. En la TTS, tú-conciente irás directamente a tu realidad psicánica provocando tu experiencia-neg o comportamiento. Luego lo descreas. Luego creas cualquier realidad positiva que quieras experimentar en el futuro. Tus realidades son tus creaciones; son tus ECRE, masas de energía existentes en el tiempo presente. Simplemente descréalos. No nos importa por qué, cuándo o cómo tú los creaste, y saber algo de eso no los descreará. No desperdicies TTS en "mierda mental".

Una nota sobre el tiempo

El pasado (tiempo) es una ilusión; no existe. El futuro tampoco. El tiempo es una ilusión creada por la mente, por etiquetas de "pasado" o "futuro" sobre las realidades-experiencias del tiempo presente. **El único tiempo que existe es el presente** (en Esencialidad, el Presente Eterno). Lo que llamamos el pasado es tú-psican mirando recuerdos (realidades mentales) o experimentando emociones creadas en el "pasado" que en ese momento era el presente. Esas imágenes mentales y emociones son ECRE **existentes ahora, en tiempo presente.** Los estás etiquetando ("metarrealidad") como "el pasado". (Las meta-realidades se explican más adelante).

Tú-psican creaste tus imágenes y emo "del pasado" en algún incidente que entonces era el momento presente, y todavía están contigo. Por ejemplo, un incidente traumático de tu pasado es una grabación de energía durante ese incidente (incluida una activación de masa RIN), cuya masa RIN todavía está contigo. Puede ser desencadenado por "recuerdos", que es solo mirar tus imágenes mentales del incidente en el momento presente. Creas la ilusión del tiempo al crear y mantener una etiqueta de "el pasado" en esa parte de tu ECRE. Sin embargo, esa grabación ECRE del incidente existe en tu SER en tiempo presente.

Para liberarte de ese "pasado", simplemente descrea el ECRE, ahora. No necesitas hacer ninguna referencia al pasado, o dónde o cuándo o por qué. Toda experiencia es el impacto de realidades sobre la conciencia: descrear la realidad para cambiar la experiencia; no necesitas complicaciones.

Los SHOs creen firmemente en la realidad y el poder del pasado. Arrastran por la vida mucho ECRE "pasado" negativo: "historia" y "bagaje" como recuerdos traumáticos, resentimientos, culpas, errores y fracasos, víctima de otros, me-hicieron-mal; me-deben, etc.). Los SHO también creen que el pasado los formó y los controla incluso en el presente; que no pueden cambiar muchos de los efectos sobre ellos del pasado.

Todo esto es genial para el Drama y la Infelicidad. Y una maravillosa alucinación. Un SHE ha descreado todas las ECRE "pasadas". Retiene los recuerdos que elige, pero tiene cero carga en cualquier cosa en su "pasado". Ha descreado todo resentimiento, culpa, víctima, traumas, etc. Ha perdonado a quien le dio anti-amor, incluyendo cualquier cosa negativa que se haya hecho a sí mismo. Ha cerrado todo, terminado relaciones energéticamente para que él esté en aprecio y amor por esa persona y gratitud por la experiencia. Sabe que nadie le debe nada (fuera de cualquier acuerdo de deuda firmado). Sabe que la influencia del pasado es mínimo en comparación con su voluntad y poder para crear su SER y su vida de tiempo presente como él desea.

Toda esta descreación y más es necesaria para el Enlightenment, para aligerar tu Caparazón de la ilusión humana y así recuperar tu percepción de tu Verdadero Ser (psican) y comunicación con Esencia.

Regresar a PENSAR versus SENTIR

Si no estás seguro de la (enorme) diferencia entre las dos modalidades de PENSAR y SENTIR, entre mente y experiencia, el Curso TTS de Psicánica tiene ejercicios meditativos que te guían a distinguir primero tú-psican de tu ser humano, y luego a distinguir {**conciencia-sentimiento-experiencia**} <> {**mente-pensamientos-pensar**}.

Debes identificar tus RIN en tu experiencia, sintiéndolos, no pensando en ellos o verbalizándolos. Recuerda, **tus RIN no son pensamientos o creencias, ni son las palabras que usas para describirlos.** Tus RINs son masas de energía psicánica sutil que causan en tu conciencia la experiencia de SER de esa manera. SIENTE que son quienes son, incluso que son la verdad de quienes son.

Las identidades son experiencias sutiles en comparación con sus emociones, que son formas de energía más burdas. Sin embargo, son más poderosas que las emociones. *CAUSAN* emociones. Las identidades son la experiencia de SER de esa manera, no el pensamiento, la creencia, ni la declaración verbal o descripción de la experiencia. A menudo usaremos "SER-SENTIR" para significar integrarse y permitirse SER y SENTIR la experiencia de ser la RIN.

DEBES identificar tus RINs en tu experiencia por dos razones:

#1- Tu mente te mentirá para protegerte de confrontaciones o "sufrimientos" tu RIN. Presentará pensamientos e ideas que NO son tus RINs para "salvarte" de SER estas, porque son Infelicidad y porque tienes una creación-opinión de que es Malo-NDS SER una RIN (capítulo posterior).

#2- No se puede descrear en la mente, solo en experiencia. Tu voluntad es tu poder innato para crear. Tu conciencia es tu poder innato para experimentar y experimentar descreaciones. Sólo la experiencia descarga la energía de una realidad, no PENSAMIENTO: la mente no puede descrear nada. La mente es parte del proceso de creación. Tú creas todos tus pensamientos y puedes energizar lo deseado los que se manifiestan incluidos en tu UF.

La mente es tan poderosa al tratar de protegerte de la experiencia negativa, que es un problema importante en la TTS, a veces incluso con exploradores experimentados. La tendencia de los exploradores piedras siempre es de entrar en la mente y salir de la experiencia (lo que detiene la descreación). Tanto el explorador como el piloto deben estar siempre atentos a esto e inmediatamente regresar al explorador a la experiencia.

Recuerda que hay cinco familias de emo-neg:

1. **Enojo** que incluye impaciencia, frustración, impotencia, rabia, odio, etc.
2. **Miedo** que incluye ansiedad, preocupación, incertidumbre, timidez, terror, etc.
3. **Dolor** que incluye tristeza, soledad, melancolía, pena, duelo, etc.
4. **Culpa** que incluye vergüenza, arrepentimiento, remordimiento, etc.
5. **Depresión** que incluye abatimiento, desesperación, apatía, desesperanza, etc.

Puede ser útil encontrar tus RINs para saber que existe una relación confiable entre tus RINs y tus emociones. Estos son:

> 1- Enojo: Tiempo Presente Anti-Poder: Soy incapaz, no puedo (hacer o conseguir lo que sea), soy incapaz.
> 2- Miedo: Tiempo Futuro Anti-Poder: No voy a poder (hacer, evitar, parar, lo que sea).
> 3- Tristeza, pena: A- Anti-valía: No soy lo suficientemente bueno; soy menos que; Soy indigno, no merecedor, nadie me ama, etc. B- Tiempo Pasado Anti-Poder: No pude hacerlo; Soy un fracaso.
> 4- Culpa: Anti-Amor: Soy malo (mala persona, mala hija, mal padre, etc.) (porque hice algo malo/mal).
> 5- Depresión: Siempre seré Anti-Poder. "No puedo hacerlo y nunca podré". (Impotencia + Desesperanza).

Demasiado simple, ¿verdad?

Muchas veces, podrás querer abrirte a tu emo-neg y directamente sentir tu RIN. Si no, aquí hay ejemplos de las preguntas que usan los pilotos para ayudar al explorador a encontrar su RIN.

- **Ira:** Tiempo Presente Anti-Poder: ¿Exactamente por qué estás enojado? ¿Qué es lo que no puedes hacer o conseguir en esa situación? La respuesta, "No puedo conseguir (lo que sea, por ejemplo, que mi cónyuge escuche o que mis hijos obedezcan) es la verbalización de su experiencia de la RIN. La RIN es la experiencia de no tener poder, de no poder (lo que sea).

- **Miedo:** Tiempo Futuro Anti-Poder: ¿De qué tienes miedo exactamente? ¿Qué es lo malo que te puede pasar que no vas a poder manejar: evitar, detener, remediar, etc.? La experiencia del "no voy a poder" es la RIN.

- **Dolor:** la tristeza suele ser Anti-Valía (A), pero a veces puede ser fija, pasada, anti-poder, es decir, fracaso (B)

A- **Anti-Valía:** El flujo exacto de preguntas para encontrar la RIN detrás de la tristeza varía según cuál sea el evento desencadenante, pero el flujo siempre comienza con: ¿Exactamente qué es tan triste? ¿Cómo te sientes contigo mismo? ¿Quién eres tú en relación con ese evento? ¿Cómo te trataron? ¿Quién eres tú que la gente te trata así?

Ejemplos:

No fui invitado a la fiesta. ¿Qué tipo de personas no están invitadas a fiestas? ¿Quién/cómo eres que la gente no te invita a fiestas? Ejemplos de respuesta: Soy menos que los demás. No soy lo suficientemente bueno. No les importo. No soy importante.

Soledad: ¿Por qué la gente no te hace caso? ¿Quién eres que la gente no se preocupa por ti; no quieren estar contigo? ¿cómo eres que no les importas?

Tristeza, dolor, duelo: A- *Mi hijo murió / Mi perro murió.* ¿Cómo te sientes y quién eres tú sin tu perro? Ejemplo de respuesta: *solo, sin amor,* ¿Quién eres tú que la gente no te quiere? RINs: **No soy lo suficientemente bueno; soy menos que los demás; Soy indigno, no merecedor.**

B- Tristeza del Tiempo Pasado Anti-Poder: El explorador reportará un error o falla de algún tipo. La RIN es la experiencia del antipoder: **No pude hacerlo; o soy un fracaso. No soy lo suficientemente bueno.**

- **Culpa:** La RIN es siempre una forma de "soy malo". Para llevar a un explorador a la experiencia: ¿Qué hiciste mal? (*El explorador responde con lo que sea.*) ¿Qué clase de persona hace eso? *Gente Mala.* Dado que hiciste eso, ¿quién eres y cómo se siente ser una mala persona (o cualquiera que sea el papel fallido)? La experiencia de ser malo es la RIN.
- **Depresión:** Siempre seré Anti-Poder. Exactamente por qué estás deprimido; ¿Qué es lo que no puedes hacer y sientes que nunca podrás? Cuando el explorador responde con qué es con lo que está deprimido, envíalo a su experiencia de anti-poder y desesperación. La energía de "nunca podré" (lo que sea) es la RIN.

Si tienes algún problema para encontrar tus RINs detrás de cualquier emo-neg o cualquier comportamiento negativo (problemas de relación, adicciones, traumas, lo que sea), encuentras pilotos expertos para guiarte en los grupos de apoyo en línea.

Malo ser malo

Al pilotar, ya sea a ti mismo o a otros: ten cuidado de no confundir nunca la identidad de "Malo" con la opinión de "Malo-NDS". Cuando se trate de cualquier RIN, habrá una opinión de Malo-NDS a la RIN. Por tanto, con la RIN de "soy malo", habrá una opinión de que "es malo ser malo". Primero debes descrear la opinión de que es malo ser malo antes de descrear la identidad de "Soy malo". (Más sobre esto en la sección de Descreación, en los capítulos sobre resistencia y la Alucinación de Malo-NDS.)"

Ejercicio

Utiliza este formulario para practicar cómo encontrar tus RIN Mira si puedes encontrar tu RIN en 10 MODs (10 activaciones diferentes de tus emociones-neg). Encontrarás formularios más sofisticados y la bitácora MOD en los Cursos de Psicánica.

Las tres columnas:
1. Evento gatillo: cualquier situación que desencadene la activación de tu MOD.
2. Emo-Neg: Poner a la familia: ira, miedo, tristeza, culpa, depresión.
3. RIN: Será anti-SPVAB: sabiduría, poder, valor, bondad/amor.

	Mi evento gatillo	Mis emociones-Neg	Mis RINs
1			
2			
3			
4			
5			
6			
7			
8			
9			
10			

Una vez que hayas identificado en experiencia tus RINs, el siguiente paso es descrearlos. Este Libro I introduce a cómo descrear. La información completa sobre la descreación es tema del Libro II.

20. El Protocolo de Descreación

Este capítulo presenta el procedimiento básico de 15 pasos para descrear RINs y recrear tu Ser en RIPs. Un piloto varía el procedimiento dependiendo de las necesidades del explorador, pero tendrás que seguirlo al pie de la letra. El Curso de TTS incluye grabaciones que te guían a través de estos pasos. Las grabaciones le permiten al explorador, mantenerse enfocado en su experiencia y descartar sin tener que leer los pasos y así entrar en mente. (Nota: hay más protocolos complicados en los niveles avanzados de TTS que producen resultados más rápidos y más profundos, pero todo su aprendizaje comienza con estos).

1. Botonea tu MOD si aún no estás activado: Ponte en la situación del botón o imagínalo para que te actives en la emoción negativa. Ábrete a sentir tu emo-neg. Anota cuál es la emoción y recuerda la tabla de correspondencia de las emociones con las RINs si necesitas ayuda para encontrar la RIN.

2. Emociones: Penetra en tu emo-neg encuentra y siente, en tu experiencia, no en tu mente, tu RIN. Si encuentras más de una RIN, toma la más a la izquierda en la secuencia de Sabiduría → Poder → Valía → Malo.

- Si eres una piedra (Libro II), no te preocupes por la RIN hasta que se recupere tu sentir. **Permanece en tus emociones-neg** hasta que hayas rehabilitado tu apertura a sentir, hasta que puedas sentir tu emo-neg fácil y cómodamente. **Esto puede tomar múltiples sesiones.** También existen protocolos para abrir piedras, por ejemplo, descreando el miedo al sufrimiento.

- Si eres gelatina (Libro II), **necesitas control.** Debes controlar tu atención, no ir a Víctima y "pobre de mí", no sufrir, y **no perderte** en tus cargas. Pasa la emoción lo más rápido posible a tu resistencia a la RIN. (Emo-Neg es proporcional a la Rxx).

3. Resistencia: descrear: Abre tu sentir a la experiencia, al SER-SENTIR, tu RIN. Siente cualquier resistencia a SER tu RIN. Regla: **Tu emo-neg es resultado y proporcional a tu resistencia a la RIN**. Ergo, si tienes emo-neg, estás resistiendo la RIN.

4. Descrear la resistencia a nuestra RIN:
   a. Descrea la Opinión de Malo-NDS a la RIN.
   b. Si no puedes hacer eso, descrea la propia resistencia con Exp2.

   Una vez que la resistencia se descargue lo suficiente como para que no interfiera con la experiencia de tu RIN, continúa con el siguiente paso. (No tienes que descrear la resistencia o la emo-neg por completo, solo reduce para que puedas sentir fácilmente tu RIN).

5. **Descrea la RIN: Intégrat**e con la RIN y SÉ tu RIN. Ríndete a SER la RIN. Siéntela, experimentala, SÉ-SIENTE. Recuerda no tomarlo en serio; es meramente ECRE y por lo tanto una ilusión; no la Verdad de quién eres. Permanecer en la RIN hasta que la experiencia sea mínima o completamente descreada. Concéntrate nuevamente en el botón cada vez que necesites ayuda para activar más la RIN.

6. Opcional: Usa CCC (Creación-Contra-Creación, explicado más adelante) para activar aún más la RIN y para hacer la transición y energizar la RIP. (Necesitarás la RIP del siguiente paso para esto).

7. **Decide tu RIP**: ¿quién vas a SER en lugar de la RIN? Esto debería incluir el polo opuesto de tu RIN y puedes agregar otras identidades si lo deseas. Crear (maqueta en imaginación), o ir al pasado y traer al presente, la experiencia-realidad de SER esa RIP.

8. **Energiza, decide, tu RIP**: Una vez que tengas la identidad real, fíat (decídete a SERlo), y con tu divina voluntad creadora, energiza esa experiencia. Inténtalo, disfrútalo, ámalo, sumérgete en él. Cuanto más energices la identidad, más masiva y permanente será. Estás usando el mismo poder con el que creaste la RIN ahora para crear la RIP. Ten en cuenta lo real que hiciste tu SER-SENTIR negativo, tus MODs: tienes el mismo poder para crear RIPs y amor propio.

9. **SENTIR**: Tu RIP activará naturalmente emociones positivas de amor propio. Energízalas aún más. Decide que te SERÁS-SENTIRÁS de esa manera todo el tiempo, y especialmente en ese evento desencadenante.

10. **PENSAR**: Con tu RIP activada: Revisa tu PENSAR, tus realidades mentales, por cualquier creencia y programa negativo o limitante que hayas creado como efecto de tu RIN. Descrea con Exp2 y cámbialos a realidades positivas. (Esto se explica en el Libro III.)

11. **HACER y RELACIONAR**: Con tu RIP activada, visualiza tú nuevo, deseado y positivo HACER: Energiza cómo te comportarás, actuarás cuando ocurra ese evento negativo. Revive en tu imaginación tu nuevo HACER o RELACIONARTE y programa y energiza tus nuevos comportamientos.

12. **TENER**: Del mismo modo: crea, imagina, energiza y disfruta mentalmente tus nuevos resultados deseados. Vive la experiencia de ya TENERLOS. Como resultado, en el cambio de quién eres (RIPs), cómo te sientes (emociones positivas), tu cambio de PENSAR y de HACER, naturalmente tendrás diferentes resultados en tu vida. Energiza estos.

13. **Verificación Inmediata**: Una vez que hayas creado y energizado tu Secuencia Causal positiva a tu satisfacción, imagínate nuevamente en la situación del botón inicial y en cualquier otra situación que activó tu RIN. Si algo se activa, descárgalo repitiendo este protocolo.

14. **Verificación Final**: la prueba definitiva es siempre tu cambio de experiencia al enfrentar la situación del botón en la vida real. Si la situación del botón vuelve a ocurrir todavía se activa, tienes un nivel más profundo de la masa RIN disponible para descrear. Repite el protocolo.

15. Finalmente: celebra tu poder sobre tu experiencia y tu libertad. Una vez que puedas controlar tu experiencia psicánica, estarás libre del mundo. El mundo ya no puede (aparentar) causar tu Infelicidad, y sabes que no tiene poder para producir tu Felicidad: todo está en tus manos.

21. Las 7 Condiciones

El Ciclo de Existencia de todas las realidades tiene tres fases:
Creación → Experiencia → Descreación.
El propósito de una creación es la experiencia.
Una creación persiste hasta que cumple su propósito.

Hay 7 condiciones que el explorador debe cumplir para que se produzca la descreación. Cuando alguna condición es deficiente, la descreación será lenta, dolorosa. Así, también podemos llamarlos los 7 Tapones de la Descreación.

Las 7 Condiciones para la Descreación, que cuando no se cumplen, se convierten en los 7 Tapones de la Descreación, son:

1. Creador responsable. Sin víctima.
2. Compromiso con los Resultados y evitar el Drama.
3. Permanecer en la Experiencia y fuera de la mente.
4. Piedras⬦Gelatinas: Conoce qué tipo de explorador eres y sigue el protocolo correspondiente. Piedras: mantenerse en las emociones para rehabilitar el SENTIR. Gelatinas: mantener la conciencia y el control.
5. Resistencia Descreación, por Exp2, o por Descreación de Alucinación de Malo-NDS.
6. Descrear cualquier meta-realidad.
7. No te dejes atrapar por la meta-realidad de la "verdad", si es así descrea.

Las 7 Condiciones en más detalle:

1. El explorador debe ESTAR en la identidad de Creador y responsabilizarse de su ECRE. No puede estar en Víctima o culpando a otros por su experiencia. Debes salir de la Secuencia de Identidad Fatal, Víctima y Drama reconociendo que eres Causa-Creador de tu RExp.

2. El explorador debe entender Drama versus Resultados, y decidir que quiere Resultados (descreación fácil y rápida) en lugar de Drama (sesiones largas de TTS en Víctima con malos resultados y "fuegos artificiales" (mucha emo-neg)).

3. El explorador debe permanecer en la experiencia, en el SENTIR; y fuera de la mente, de PENSAR (análisis, comprensión, observación, recuerdo, etc.).

4. Los exploradores gelatina deben pasar de Víctima-Efecto a su experiencia de Causa y tomar el control de su atención y energías. ¡Sin drama! evitar perderse en las cargas. Los exploradores piedras deben rehabilitar su poder de sentir y convertirse en gelatina sin perder la causa y el control. Deben aprender a permanecer fuera de la mente y en la experiencia.

5. El explorador debe descrear suficiente Resistencia a cualquier RExp para que no interfiera con su experiencia de esa RExp. Conviértete en Espacio a tus creaciones.

6. El explorador o su piloto deben reconocer y descrear cualquier meta-realidad antes de descrear la RExp principal.

7. El explorador debe comprender la diferencia entre verdad y realidad. Si cualquier RExp parece ser verdad, descrear esa experiencia como una meta-realidad. Nunca creas en tus RINs ni los tomes en serio.

Resistencia al Sentir o a la RIN

De las 7 Condiciones, la que más problemas da en TTS es la Resistencia. Ley: Las Tres Fases del Ciclo de Existencia de una creación son:

Creación=Realidad → Experiencia → Descreación
Toda resistencia a (la experiencia de) una realidad se mantendrá en el Ciclo de la Existencia en la fase 2, en "Experiencia" para que la realidad no proceda a la Descreación.

La resistencia (Rxx), tanto en los circuitos eléctricos como en la descreación psicánica, reduce o detiene por completo el flujo de energía. Rxx (Resistencia) en Psicánica es la negación de la experiencia que obviamente mantendrá el Ciclo de Descreación en la experiencia y así detendrá la descreación.

Emo-Neg es directamente proporcional a la creación de Malo-NDS → Rxx a la RIN.

En la medida en que el explorador está en emo-neg, está resistiendo la RIN.
Descrea la Rxx antes de intentar descrear la RIN.

Los exploradores principiantes pasan más tiempo descreando Rxx de lo que pasan en descrear los propios RINs.

Tener que descrear resistencias puede alargar una sesión de TTS de 40 minutos a 1,5 horas, e incluso requerir varias sesiones. La resistencia también convierte la experiencia negativa de la RIN en sufrimiento al persistir y extender la emo-neg.

Los exploradores experimentados han trascendido toda creación de resistencia al trascender su alucinación de Malo-NDS. No crean Malo-NDS a nada. Por lo tanto, pueden ingresar directamente a la RIN y, por lo general, pueden descrearlo en tan solo 40 minutos de tiempo total de la sesión.

Cubriremos las 7 Condiciones en profundidad en el Libro II. No solo son fundamentales para una descreación fácil y rápida, sino que son principios fundamentales para operar tu vida y son esenciales para la Verdadera Felicidad.

22- Tu creación de RIPs

En la TTS, es fundamental equilibrar tu TE (Tiempo y Energía) a negativos con igual o más TE a positivos. El enfoque excesivo en los negativos eventualmente energizará y por lo tanto reforzará los negativos en lugar de descrearlos. Tu atención (TE) es energía y la energía dinamiza realidades. De hecho, eventualmente, después de aproximadamente 100 de TTS básico, **todos los exploradores deben avanzar a la TTS acelerada porque la TTS básica comienza a reforzar demasiado los negativos (RINs)**. La TTS acelerada es precisamente eso: descreación rápida y universal de masas RINs.

Técnicamente, no tienes que crear RIPs; eres Esencia y tu naturaleza espiritual incluye las cuatro RIPs: SPVAB. Actualmente están suprimidos por tus RINs (y otras creaciones más profundas discutidas en Esencialidad). Sin embargo, es productivo equilibrar la energía negativa y positiva, y energizar tus RIPs para hacer crecer tu masa y realidad, que es la creación. Entonces, mantendremos la idea de que debes crear tus RIPs.

Conceptos clave

La creación es hacer que algo nuevo exista, algo que no existía antes del acto creativo. Creas arte, tus relaciones, tu familia e hijos, un negocio, un nuevo producto, etc.

Manifestación es Causar que entre en tu experiencia, atraer a tu vida, algo ya creado por otros. Manifiestas un cónyuge, dinero, un automóvil, una casa, un trabajo, etc., ya que estos han sido creados por otros.

El procedimiento de **energización voluntaria** tanto para la creación como para la manifestación es el mismo y usaremos las palabras indistintamente con cualquiera de las dos.

Fiat (TT): Un fiat es un acto de tu voluntad, tu decisión creadora, que una realidad SEA, que llegue a existir. La palabra está tomada de la Biblia cristiana en latín, en Génesis, donde Dios está creando el universo y Ella comienza con "FIAT LUX": Hágase la Luz. Como un "astillado del viejo bloque" de Esencia, un hijo de Esencia, tienes este Poder de Creación de forma innata. Tienes tu Esencia, tu espiritualidad, bien reprimida para que puedas SER humano e impotente para mantener las Condiciones del Juego y el Drama.

Energía: la sustancia fundamental de todo lo que existe. Todo lo que existe está formado de energía. La Esencia irradia energía y de esa energía, su propia Sustancia, se forman todas las realidades, toda la Creación. Tu poder de creación es tomar la energía y formarla en realidades, particularmente en tus realidades psicánicas. También puedes manifestar en tu experiencia física tus realidades deseadas energizando el modelo de realidad psíquica de lo que quieres. De nuevo, este poder es contrarrestado por tus NIRs para que la manifestación en la FU sea difícil, dudosa y retardada para mantener las Condiciones de Juego y el Drama.

La creación es el reverso de la descreación. La creación y la manifestación son una cuestión de usar tu voluntad y el poder de la imaginación / visualización para crear una **maqueta**, una experiencia de realidad psicánica inicial de tu nueva Realidad-Experiencia deseada, y luego **usar tu voluntad para dirigir la energía hacia esa realidad** hasta que tenga suficiente masa para persistir y ahora determinar tu experiencia.

Realidades: Las realidades son masas de energía modulada, energía que toma una identidad para ser algo en particular. Todas las realidades son creaciones; alguien, en algún lugar, en algún momento tuvo que crearlos. Nada surge a la existencia sin una Causa. Por toda tu experiencia, tú-espíritu eres esa causa; tú-psican eres el creador.

La descreación es una cuestión de usar tu voluntad para enfocarte en la realidad-experiencia no deseada y abrir tu conciencia (poder de percepción y sentimiento) para experimentar esa realidad hasta que hayas descargado toda la energía de ella. La ley básica es Experiencia Experimentada Desaparece (Exp2 $\rightarrow$0).

Bloqueos a la Manifestación

En este momento, como un ser humano común, tienes muchas realidades subconscientes en contra de esta manifestación que trabaja fácil y rápidamente para ti, tanto para tu UP como para tu UF. Esto te ayuda a mantener las condiciones del juego y el drama. Retomaremos esas contra-realidades en el Libro III cuando lleguemos a tu TENER y cómo manifestarse en tu UF.

La Esencialidad contiene conocimiento para avanzar en la comprensión y/o aceptación de los seres humanos ordinarios. Un ejemplo de esto es la información completa sobre la creación. Por ejemplo, solo la declaración: "**Tú eres el creador de todo en tu vida**" parecerá irreal, incluso ridícula, a los SHO. Y ese es el gradiente bajo. La verdad completa es: "**Tú eres el creador del universo físico y todo lo que hay en él**". Tu poder sobre el UF es proporcional a tu trascendencia de la Ilusión Humana y Retorno a Esencia. Un ejemplo de esto es Jesús que logró su reintegración con el Uno y por lo tanto un Poder instantáneo y total sobre el UF, sobre su propia Esencia.

Que tú seas el creador de tu UF está mucho más allá del horizonte de realidad de la mayoría de los seres humanos; parecerá absurdo. Sin embargo, si estudias Esencialidad, llegarás a ver por qué y cómo es verdad. En este libro, hemos comenzado con el gradiente más bajo de despertar a tu Creador Interno, mostrándote cómo eres el creador de tus identidades, emo-neg, masas RIN, tus alucinaciones de Malo-NDS y, por lo tanto, de tu felicidad<>Infelicidad . Hasta este libro, has estado viviendo en la Secuencia de Identidad Fatal alucinando que cosas externas causan tu experiencia psicánica. También estás alucinando que no tienes poder sobre el UF, una creación necesaria para las Condiciones del Juego y el Drama, los propósitos de tu Encarnación Humana.

En el Libro III de esta serie de Autoterapia TTS, entraremos en la segunda parte de la Secuencia Causal de la Vida: PENSAR, HACER, TENER. Te mostraremos cómo estás creando Drama en lugar de Resultados en esas Arenas de tu vida. En este capítulo, nos ocupamos únicamente de tu creación de RIP que luego generarán SENTIR positivo, y requiere una pequeña creación adicional de tu resultado deseado en cada área: PENSAR, HACER, TENER positivo.

Creación de RIPs

El primer paso es descrear tus RINs. La Ley de la Creación es:

**No se puede crear positivo sobre lo negativo;
primero debes descrear los negativos para crear Espacio, ergo
ausencia de contra-realidades a lo positivo.**

Hay tres razones para esta Ley:

1- Tu subconsciente está lleno de negativos, de masas RIN, como una casa vieja llena de muebles decrépitos, tienes poco espacio, no hay espacio para nuevos muebles. Los muebles nuevos simplemente se perderían en todo lo viejo y no marcar una gran diferencia en tu experiencia de vivir en la casa. Tú primero debes "limpiar la casa": descrea tus RIN para hacer espacio para tus RIPS.

2- Para superar las RINs con solo la creación de positivos (RIPs), necesitarás muchas veces más la cantidad de energía que necesitarías si no hubiera RINs para crear en exceso.

3- Si no descreas tus masas RINs, permanecerán en tu subconsciente para siempre* y siempre estarán sujetas a activación por cualquier botón. Cuando se activen, sobrescribirán tu experiencia de tus RIPs (como lo hacen ahora, razón por la cual los MOPs son fugaces) y volverá a estar en su Infelicidad, una y otra vez.

Esencialidad: Cuando decimos para siempre aquí, queremos decir para siempre, porque tú-psican puedes arrastrar tus masas RIN contigo de encarnación en encarnación. Un Ciclo de Exploración de Aventura Humana es de 500 a 700 encarnaciones. Puedes explorar tanto como puedas de la experiencia humana: has sido hombre<>mujer, heterosexual<>gay, negro<>blanco, rico<>pobre, santo<>pecador, sacerdote<>prostituto, soldado<>mercader, sano<>enfermo, fuerte<>débil, rey<>mendigo, inteligente<>estúpido, etc. Has muerto torturado, enterrado vivo, crucificado, quemado, ahogado, aplastado, encarcelado, y ocasionalmente de viejo en tu cama . En las formas avanzadas de TTS en Esencialidad, si llegas lejos, procesarás cualquier energía negativa que estés cargando de tus vidas pasadas. De lo contrario, las vidas pasadas tienen poca importancia en tu desarrollo espiritual. (YO he procesado cientos de vidas pasadas, la mía y la de otros. En un momento, durante aproximadamente 2 años en mis 40 años de investigación, pensé que eran importantes e hice muchas regresiones).

Tu CIH (Complejo de Identidad Humana), como tu cuerpo, se disipa después de cada encarnación y manifiestas uno nuevo para tu próxima vida. Sin embargo, tus masas RIN no son humanas; son creaciones espirituales y las llevas en tu Caparazón de vida en vida hasta que las descrees. No podrás salir del Samsara (tu ciclo de encarnaciones humanas en la Tierra) hasta que las hayas descreado. Todo esto se explica en Esencialidad, donde experimentarás estas cosas por ti mismo.

C C C = Creación Contra-Creación, y
I C I = Intención Contra-Intención.

Es una de las Leyes de la Creación que:

CCC: El esfuerzo por crear una realidad positiva activará realidades negativas ya presentes en tu SER.

ICI: La Intención de HACER cualquier cosa activará cualquier bloqueo y
contra-intenciones a esa acción ya presente en tu SER.

CCC e ICI son muy útiles para traer a tu conciencia las realidades negativas que necesitas descrear para que lo positivo se manifieste fácilmente en el Espacio que has abierto al descrear los negativos. El entrenamiento de cómo hacer esto está en los cursos de Psicánica. Sin embargo, es tan simple que puedes experimentarlo aquí y ahora. Solo sigue estas instrucciones:

Cierra tus ojos y relájate.

1. Limpia tu mente de pensamientos.
2. Haz tu maqueta y fiat (crear voluntariamente) la realidad-identidad-experiencia: "Soy el creador poderoso de mi vida".
3. Energiza esa identidad hasta que las contra-identidades o emociones negativas se activen en tu experiencia.
4. Comprueba tu experiencia: ¿Es real que eres un creador poderoso de tu vida, o sientes alguna experiencia negativa? tus experiencias negativas aquí son tus contra-RExps (Realidad → Exp) a la identidad positiva que deseas crear.

5. En un proceso de TTS completo (a diferencia de este ejemplo de simplemente identificar tu contador RExp), alternaría entre la descreación de negativos y la creación de positivos. Descargarías tu identidad negativa de No-creador, y luego volverías a energizar tu realidad positiva deseada (#3). Repetirías este proceso hasta que hayas desenergizado tu RExp negativa (deja de existir) y energizado el positivo (Soy Poderoso) para que sea masivo y real todo el tiempo. Así ha transformado su RExp. Habrás transformado tu SER de esa RIN a RIP.

Los ejemplos de RINs que podrían aparecer en este CCC incluyen: No soy poderoso, no soy creador, no puedo hacerlo; Soy un fracaso. Estos son los que tendrías que descrear.

También es posible que tengas emo-neg en lugar de RINs: frustración, ira, tristeza, depresión, etc. En este caso, necesitas penetrar en la emoción para encontrar la RIN como se muestra en el capítulo: Cómo encontrar tu RIN.

En la TTS, es muy importante equilibrar lo negativo con lo positivo. Un explorador que recién comienza a aprender la TTS, dedicará más tiempo a descrear aspectos negativos que a energizar los aspectos positivos. A medida que avanza, se le dará más y más TE (Tiempo y Energía) a lo positivo. En el cuarto nivel de TTS, TTS Acelerado, la descreación de negativos es muy rápida y el 75% del TE es en positivo, en la energización de RIPs.

Si algo de esto te parece confuso o complicado, te recomendamos tomar los cursos de Psicánica y unirte a un grupo de apoyo donde tendrás pilotos profesionales que te guiarán paso a paso para aprender todo en los tres libros de esta serie.

23. ¿Y ahora qué?

La pregunta es: ¿Quieres que todo lo que has estudiado se quede en mera teoría, o quieres aplicarlo y hacer cambios en tu vida? Recuerda que esos cambios pueden variar desde:

- Simplemente eliminar una secuencia **Botón → RIN → Emo-negativa**; a
- Eliminar todos tus MODs más dolorosos; a
- Eliminación de una adicción o fobia o bloqueo para la acción, a
- Limpiar una Arena entera (tal como tus relaciones), a
- Alcanzar la Verdadera Felicidad eliminando todas tus masas RIN.

No importa la profundidad del trabajo que elijas hacer en ti mismo, requiere que tomes acción. Tienes que aprender TSS y luego practicarla hasta que obtengas tus resultados deseados. (Recomendamos una hora por día). Recuerdas la diferencia entre estudiar y aprender: estudiar es comprensión; el aprendizaje es capaz de aplicar y producir los resultados deseados. Sin resultados, sin aprendizaje. Las personas pueden estudiar mucho y aprender poco.

Los siguientes pasos en el Sistema de Transformación de Ser de Psicánica son:

1. **Leer Libro II** - contenidos que se explican a continuación.
2. **Tomar los cursos de Psicánica**. Esto comprende procesos guiados para asegurar que experimentes la TTS y todos los fenómenos relevantes: voluntad, conciencia, experiencia versus mente, realidades, cómo descrear la Identidad Fatal, la alucinación de Malo-NDS y la creación de RINs.

3. La Guía de una sesión en línea semanalmente. Haces una lista de situaciones negativas de tu vida que quieres eliminar y en el orden que quieres eliminarlas y las trabajas en un grupo. Después de unas semanas haciendo esto, verás los resultados en tu vida.

4. Leer Libro III el cual trata de las otras Arenas de la Secuencia Causal: PENSAR, RELACIONAR, HACER y TENER. Este libro te da la teoría de como rastrear cualquier experiencia negativa en estas Arenas (por ejemplo. Adicciones y relaciones en problemas) hasta la RIN causa. (Ya sabes cómo des-crear RINs y tienes disponibles las sesiones de soporte en línea para cualquier dificultad).

5. Apoyo semanal en línea con piloto. En estas sesiones, eliges lo que quieres transformar en las arenas PENSAR, RELACIONAR, HACER y TENER: Relaciones, salud, eliminar adicciones, fobias, bloqueo a la acción, miedo, incidentes traumáticos, TEPT: lo que quieras en el orden que quieras. El piloto te guía y te enseña cómo lograr los resultados deseados.

6. Hay más niveles más allá de estos. Por ejemplo, en un nivel aprendes TTS Acelerada y cómo des-crear tus masas RIN "al por mayor". En otro, limpias tu SER de toda energía negativa: del pasado, de tu infancia, de todo incidente doloroso y vergonzoso, de culpa, y cierras energéticamente todas las relaciones pasadas. No necesitamos preocuparnos por esto ahora.

LIBRO II

El Libro II presenta en detalle las 7 Condiciones para la Creación y Descreación en detalle. Los mecanismos detrás de las 7 Condiciones también son factores fundamentales en toda experiencia y comportamiento humano. El desconocimiento de estos elementos de la existencia mantiene al SHO en condiciones de Juego y Drama. Son los mecanismos de la mayoría de los problemas y conflictos en las relaciones (un escenario favorito para el drama).

Al comprender todo en este libro, experimentarás un nuevo nivel de conciencia de cómo funciona realmente la vida, cierto grado de despertar del Sueño Humano.

El contenido del Libro II incluye:

- Las 7 condiciones para la creación y descreación
- La Secuencia de la Identidad Fatal: la gran alucinación en la que vive el ser humano y que mata a su poder creador y lo mantiene en condiciones de juego → malos resultados → Drama y Infelicidad
- La Identidad fatal
- El paradigma fatal
- Victima
- Búsqueda Externa
- El carrusel con el anillo de oro
- El síndrome de Don Quijote
- Responsabilidad y poder
- Sentir versus Pensar: Experiencia versus mente
- Piedras y gelatinas
- Meta-realidades
- Verdad versus realidad, y Mu
- Resistencia
- La Alucinación de Malo-NDS
- Las 12 grandes alucinaciones del Ser Humano

Los Niveles de TTS:

La TTS tiene múltiples niveles de habilidad y potencia. Por habilidad, queremos decir que el explorador crece su comprensión y su capacidad de manejar la energía para crear y des-crear. Por poder, queremos decir que a medida que crece tu habilidad, podrás des-crear realidades cada vez más rápido.

Nivel 1-Exp2: experiencia experimentada desaparece.

En este nivel, tú aprendes a aplicar todo en este libro. _Estudio_ es **comprender** información intelectualmente (si no hay comprensión, el estudio TE no ha logrado nada)

El estudio no debe ser confundido con el _aprendizaje_ el cual es la habilidad para aplicar, para hacer y para producir los resultados deseados.

Si no logras los resultados deseados, no has aprendido no importa cuánto hayas estudiado. Es bastante común que la gente estudie mucho y aprenda poco.

En este nivel, que incluye este libro el curso de TTS de Psicánica, Nivel 1; y los grupos de apoyo de Nivel 1; aprenderás:

- Los fundamentos de PECRED: Psican, energía, creación, realidad, experiencia, des-creación.
- Distinguir tú-psican, tú SER espiritual de Voluntad-Consciente, de tú-humano y de tu mente.
- Trascender la Identidad Fatal y su secuencia fatal.
- Tomar responsabilidad por tu experiencia (Resp Exp) y salir de víctima.
- Evitar el drama, la experiencia humana predeterminada, y comprometerse con los resultados.
- Diferenciar entre SENTIR y PENSAR. La descreación ocurre sólo en el SENTIR, nunca en la mente: el PENSAR detiene la descreación.
- Descrear resistencia (Rxx) a tu RExp negativa.
- Identificar tus alucinaciones de Malo-NDS que desencadenan tu Rxx.
- Descrear tus creaciones-realidad de Malo-NDS.
- Reconocer meta-realidades que interfieren en la descreación.
- Distinguir entre realidades y verdad; tus RIN nunca son verdad.
- Penetrar en tu emo-neg para encontrar tus RIN.
- Descrear tus RIN con Exp2.
- Recrearte en RIPs.
- En cuanto a la secuencia causal, sólo estás aprendiendo SENTIR, que es fundamental para el Nivel 2. El libro 2 y el Nivel 2 tratan de la segunda parte de la Secuencia Causal: PENSAR, RELACIONAR, HACER y TENER.

Nivel 2 - CDT = Tecnología de Creación y Descreación.

El Libro III es el libro de texto para este nivel. Aprendes a llenar tu formato de Secuencia Causal comenzando desde cualquier Arena: tomar CUALQUIER negativo en CUALQUIERA de las otras 4 Arenas de tu vida (PENSAR, HACER, RELACIONAR, TENER), y rastrearlo hasta la RIN causa para la descreación.
Luego recreas tu SER en RIPs y luego creas tu experiencia positiva deseada en todas las otras arenas de esa Secuencia Causal. El Nivel 2 amplía tus conocimientos y habilidades más allá de SENTIR → SER a: cualquier Arena → SER.

En Nivel 2, aprenderás como manejar tus:

PENSAMIENTOS Negativos

Tus PENSAMIENTOS negativos incluyen muchas formas de pensamiento de energía negativa: invalidaciones, aversiones, juicios y críticas, determinaciones, paradigmas y programas. Todo esto contribuye a causar problemas y conflictos en tus relaciones. Todos ellos son amor-neg; son Infelicidad para ti que los creas, y para quienes los usas en su contra. Otros resistirán tu amor negativo con su propio amor-neg (ejemplo: reaccionar con ira, resistencia, sabotaje, etc.). El verdadero amor espiritual está libre de TODO pensamiento negativo y de energías negativas hacía otros y a eventos. Un SHE es Espacio Transparencia para los demás y el mundo.

HACER negativo

Tu HACER negativo también tiene varias caras:

A-¿Qué estás HACIENDO que quieres dejar de HACER y no puedes?

Vas a aprender como descrear tus compulsiones de HACER cosas que tu sabes que van en contra del Mayor bien. Algunos ejemplos incluyen las adicciones a sustancias (ejemplo: el alcohol, tabaco, etc.), y exceso de actividades (ejemplo: juegos de azar, redes sociales, YouTube, "terapia de compras", etc.), y todas las obsesiones y compulsiones.

B-¿Qué NO estás haciendo que quieres o sabes que deberías HACER?

También aprenderás a descrear todos los bloqueos a acciones positivas como fobias, irresponsabilidad, pereza, TEPT, bloqueo del escritor, pánico escénico, timidez y capacidad para acercarse al sexo opuesto, terminar una relación, casarse, divorciarse, cambiar de trabajo, iniciar un negocio, etc.

RELACIONAR Negativo

Tu relacionar-negativo es todo lo que HACES en tus relaciones que produce reacciones negativas en los demás. Si tienes algún tipo de problema en tus relaciones, puedes estar seguro que tienes un relacionar-negativo. Eso es negación de responsabilidad y víctima de culpar a otras personas por cualquier energía negativa en tus relaciones.

En el Nivel 2, vas a aprender a identificar y descrear el mecanismo primario que causa la gran mayoría de los problemas y conflictos en las relaciones. Iniciarás el camino de la armonía, el amor y la cooperación en todas tus relaciones, todo el tiempo. Sin embargo, en el área de RELACIONAR es tan grande que requiere su propio libro y nivel. Las buenas relaciones requieren una buena comunicación, que es un libro y un nivel de estudio en sí mismo.

TENER negativo

Tu tener negativo tiene 2 caras:

#1- TENER Positivo: ¿Qué es eso que quieres TENER que no TIENES y por lo tanto deseas manifestar?

#2- TENER Negativo: ¿Qué es eso que TIENES y que no quieres, pero no has podido eliminar: un trabajo que no te gusta, deudas, problemas de salud, malas relaciones, etc.?

Aprenderás cómo tus realidades-creaciones psicánicas afectan, incluso bloquean por completo tu poder espiritual innato para manifestar lo que quieres en el universo físico (por ejemplo: un nuevo trabajo, un negocio, éxito (como sea que lo describas), dinero, una casa, familia, etc.) Aprenderás como usar tu poder creador innato para energizar y atraer a tu vida las realidades físicas que tu deseas experimentar.

Cuerpo y salud: aprenderás como las emociones negativas que has reprimido en tu cuerpo causan algunos de tus problemas de salud y cómo liberar esas energías de tu cuerpo y órganos para curarlos.

Nivel 3: ATTS: Tecnología Avanzada de Transformación del Ser

Tú-psican, el SER espiritual que eres, tienes la capacidad de moverte en el tiempo. (El tiempo en sí es una ilusión) El nivel 3 de TTS trata de un pilotaje muy preciso de TTS que produce una rápida descreación de las masas RIN. Esto incluye el regresar en tiempo al momento donde las creaste. Descreación en el momento de la creación es la técnica más efectiva ya que **descrea todas las activaciones posteriores de esa masa RIN**. El explorador aprende a descrear cadenas enteras de MODs, en lugar de una por una.

Los siguientes niveles pertenecen a Esencialidad en lugar de Psicánica.

Nivel 4: TTSA: TTS acelerada

En este nivel de Poder, ya no estás tratando de eliminar una experiencia negativa en particular, estás limpiando todo tu SER de todos los negativos. En este nivel de Poder, tú, el explorador, ya no descargas las activaciones de las RIN una por una, botón por botón, o incluso área por área. **Descreas directamente todas las masas RIN**, sin atención a botones, MODs o incluso áreas de tu vida.

Solamente tienes (4) masas RIN, anti-SPVAB: anti-sabiduría, anti-poder, anti-valía, y anti-amor (malo). En TTSA, has trascendido toda creación de Malo-NDS y por lo tanto toda resistencia. Te integras a una de las 4 masas RIN directamente y liberas su energía y después vas a la creación de RIPs. **¡Con está técnica, no necesitas descrear toda la masa! Usando la TTSA, comenzará un proceso de disipación por sí mismo.**

¡Esto acelera enormemente la descreación! Te ahorrará miles de horas de TE en comparación con la descreación de MODs uno por uno. Con la TTSA, puedes descrear todas tus masas RIN permanentemente con unas 200 horas de TTSA dependiendo de la calidad del pilotaje y del explorador.

Es importante mencionar aquí que un explorador debe eventualmente progresar de TTSB a TTSA porque, en cierto punto, hay tanta atención a las RIN que deja de descrearlos y comienza a energizarlos. Un buen piloto va a reconocer cuando un explorador ha alcanzado este punto y se lo dirá.

Nivel 5 y superior: la Tecnología de Liberación Esencial

La psicánica trata con tu "ser humano", con tu experiencia humana y comportamientos. La Esencialidad trata contigo como un ser espiritual inmortal; y con tu relación espiritual con Esencia.

Psycan y Esencia no son reales para la mayoría de humanos; requieren procesos de Esencialidad para hacerlos perceptibles. El nivel 5 y superiores de procesamiento son ELT (Tecnología de Liberación Esencial). El propósito de estos niveles es descrear el Caparazón, la "nube de electrones" (analogía) de las realidades a tu alrededor psicánico que actúan sobre tu conciencia para generar tu experiencia (ilusoria) de ser solo un ser humano. La Escuela de Esencialidad de Enlightenment Acelerado enseña todo esto. Estos niveles de trabajo en tu SER son puramente esenciales y requieren un conocimiento más allá de la Psicánica para comprenderlos.

24. Libro III

El libro I presenta cómo funciona la mitad izquierda de la Secuencia Causal:

SER → SENTIR = Identidades y Emociones.

El Libro II presenta información crítica tanto para tu calidad de vida como para la descreación.

El Libro III presenta cómo funciona la mitad derecha de la Secuencia Causal:

PENSAR → RELACIONAR & HACER → TENER

En el Libro III, aprenderás a tomar cualquier experiencia negativa o comportamiento no deseado en las Arenas de PENSAR, HACER, RELACIONAR, TENER, y encontrar la RIN causa. Desde el Curso TTS y el Soporte en línea Nivel 1, ya sabes descrear RINs, recrearte, recrear tu SER en RIPs. Cambiar tu SER cambiará las otras Arenas de PENSAR, RELACIONARSE, HACER, y TENER que cambiar con solo visualizar el resultado deseado en cada Arena.

Aquí hay una vista previa del Libro III:

PENSAR

Tu mente es tu mejor amiga o tu peor enemiga, dependiendo de si la entiendes y controlas o ella te controla a ti. También aprenderás a reconocer todo el PENSAR negativo que ya estás creando y experimentando sin darte cuenta de lo que está pasando. Gran parte de todo el pensamiento humano es negativo, pero estamos tan acostumbrados a él, que no nos damos cuenta de lo que está pasando y cuánto está consumiendo nuestra energía y nuestra felicidad.
El PENSAR negativo incluye: pesimismo, complejos de superioridad e inferioridad (que siempre activan la resistencia en los demás), alucinación de

Malo-NDS, todas las demás invalidaciones, disgustos y aversiones hacia los demás, juicios y críticas, distorsión de los hechos y del pasado, programas sobre cómo otros o el mundo deben ser y las falsas creencias, valores y paradigmas; por nombrar algunos.

Examinaremos cómo tu mente contribuye a tus problemas, conflictos y Drama en la vida, especialmente en tus relaciones. También veremos cómo bloquea o contribuye a tu poder para manifestar lo que quieres en la vida.

Por ejemplo: Tu disgusto por los demás SIEMPRE se debe a que desencadenan tu disgusto por algo similar en ti mismo, que siempre estará relacionado con una RIN. Cuando descreas tales RINs, tu aversión a los demás desaparece.

RELACIONAR: tu HACER en tus Relaciones: Decir, Tratar, Responder.

Tu RELACIONAR, recordarás, es todo tu HACER (acciones y comportamientos) en relaciones:

A- **Di:** lo que dices y cómo lo dices. Esto incluye tu sabiduría y el amor<>anti-amor con el que te comunicas.

B- **Actúa, Compórtate, Trata**: Esto incluye todas tus acciones y comportamientos con los demás, cómo los tratas: con Responsabilidad, Sabiduría, Poder, Espacio y Amor, o con sus opuestos. Si tienes problemas y conflictos en tus relaciones, puedes estar seguro de que estás usando anti-amor con ellos.

C- **Responder o reaccionar:** cómo reaccionas activado en RINs y usando amor negativo; o respondes con sabiduría y amor a cómo te tratan los demás, especialmente cuando te tratan con anti-amor. ¿Eres reactivo o creativo en tus relaciones, causa o efecto, creador o víctima?

En el Libro III, verás que tus RIN son la causa raíz de casi todos tus problemas y conflictos en las relaciones. Aprenderás a penetrar cualquier conflicto en una relación para encontrar y descrear las RINs que producen tus conflictos. Verás que tus relaciones se transforman mágicamente de energía negativa a energía positiva.

Recuerda, tú eres 100% responsable de tus relaciones, no la otra persona. Sé que este es un gradiente alto para la mayoría de las personas. Los seres humanos ordinarios generalmente viven en 0% Responsabilidad: en víctima, quejándose, culpando, atacando a la otra persona con energía negativa y tratando de cambiar o controlar a la otra persona: Drama. Como la otra persona generalmente resistirá el amor negativo, esto llena la relación de energía negativa una contra la otra.

La relación cae en una espiral de amor negativo.

En la Secuencia de Identidad Fatal, siempre parece que la otra persona tiene la culpa de casi todo. ¡Es inconcebible para algunas personas que tengan alguna Responsabilidad por la calidad de sus relaciones! -- un nivel de conciencia muy bajo.

Si quieres **poder** → **resultados** → **armonía y amor** en tus relaciones, **debes operar en 100% de Responsabilidad.** Si no tienes los resultados que deseas en la relación; Depende de ti variar tu comunicación y comportamiento hasta que obtengas esos resultados. Sin embargo, nunca hasta el punto de vender tu propio Ser y felicidad. Si mantener una relación requiere que vendas tu propia felicidad, la relación es demasiado costosa. Termínala con amor y sigue adelante.

Si no te sientes o crees que eres 100% responsable (de cualquier cosa en tu vida), puedes descrear esa realidad-experiencia como cualquier otra. ¡Todas las realidades son Ilusiones! ¡Toda la Creación es una ilusión! La única VERDAD es Esencia. Todo lo demás es una realidad creada, y está sujeta a la descreación, incluido el universo físico mismo (cuya declaración requiere Esencialidad para entender).

La raíz de los problemas y conflictos en las relaciones es el intento de negar tus RIN y SER RIPs tratando de moldear a la otra persona a tu imagen de cómo él/ella debe SER.

Quieres lograr tu experiencia de SER RIPs cambiando a la otra persona (que por lo general se resistirá a tu tiranía).

El Gran Error de las Relaciones es tu esfuerzo por crear a la otra persona en tu imagen de cómo debería SER, en lugar de recrear tu Ser en cómo tú deberías ser.

Además, normalmente tratas de hacer esto con anti-amor, que será resistido. Todos tratamos de preservar nuestra

**autodeterminación y
libertad.
Descrea tus RIN y los problemas desaparecerán. (¡Es mágico!)**

HACER: Acciones y Comportamientos

Las personas tienen dos principales tipos de comportamientos negativos (fuera de las relaciones):

#1- **Los comportamientos compulsivos de HACER** tales como adicciones a sustancias   y adicciones a actividades. Aquí es donde te sientes obligado a usar sustancias que sabes que no son de tu mejor interés.

Las adicciones más comunes a sustancias incluyen alcohol, fumar, tranquilizantes, marihuana y todas las drogas ilegales como anfetaminas, cocaína, opio, azúcar, coca cola y comida chatarra.

Las adicciones comunes a actividades de distracción incluyen comer en exceso, usar en exceso las redes sociales, televisión, videojuegos y juegos de computadora, pornografía o sexo excesivos, compras, juegos de azar, uso excesivo de teléfonos celulares (causado por la soledad o el miedo a que algo les suceda a sus seres queridos).

Detrás de todas las adiciones están las RIN. En el Libro III aprenderás a tomar cualquier adicción, a una sustancia o a una actividad, y liberarte de ella con TTS.

Ley:

**El poder de tu adicción sobre ti es el poder de tu
voluntad inconsciente de evitar experimentar tus masas RIN.**

**Rastrea tu HACER-negativo hasta el SENTIR-negativo que estás
evitando
y encontrarás la RIN.**

**Descrea la RIN y la adicción desaparece.
¡Más magia!**

#2- Los NO HACER compulsivos. Estas son las cosas que quieres hacer, o sabes que deberías hacer, pero aún no las haces. Tienes un bloqueo subconsciente para tomar tu mejor curso de acción. Incluyen la pereza, la irresponsabilidad, el bloqueo del escritor, el miedo escénico, el pánico del orador, la timidez (por ejemplo, acercarse al sexo opuesto), la resistencia al ejercicio y todas las fobias.

TENER: tus Resultados en el universo físico.

Tus RIN bloquean tu manifestación de lo que quieres en la vida. Cuando estás operando en RIN tales como: *No puedo; Soy un fracaso; yo soy la víctima; No valgo, soy indigno, etc.;* te manifestarás eventos y circunstancias que lo afirman.

¡El SER es SUPREMO! No puedes manifestar nada que contradiga tu creación de tu Ser, Quien Eres. Cosas menores que tu SER, tus eventos materiales (cosas, personas y circunstancias) no pueden contradecir, violar, QUIÉN ERES, y eso por tu propia creación (de RIN). El SER es supremo en la Creación; todas las demás creaciones se inclinan ante él.

Una persona que es, *por su propia creación*, RIN como incapaz, débil, un fracaso, ¿podrá manifestar un éxito notable? Una persona que es, *por su propia creación*, indigna, ¿podrá manifestar una gran relación o ingresos abundantes?

Debería ser obvio que NO. La vida funciona SER → TENER. El gran error que comete la gente es que trata de vivir TENER → SER. Intentan acumular todos los símbolos externos del éxito para luego SER-SENTIRSE exitosos, poderosos, respetados, etc. No funciona, y esto es vivir la vida al revés: la vida funciona SER → TENER, no TENER → SER.

La forma correcta de TENER lo que quieres en la vida es primero descrear tus RINs que contrarrestan tu inteligencia, poder y dignidad; luego **re-crearte en RIPs de SER inteligente, sabio, capaz y exitoso.** A partir de tales estados positivos del Ser, de forma natural y fácil, manifestarás aquellas cosas que van con tal SER. De hecho, vendrán a ti con poco esfuerzo porque el universo te apoya SIENDO QUIÉN ERES. La Creación es un campo de experiencia en el que cada psican, como hijo del Creador, crea y luego experimenta lo que quiere. Esencia no tiene absolutamente ninguna opinión ni objeción a lo que sea que quieras crear-explorar (incluyendo Malo).

Tú-psican estás en medio de tu creación-exploración de la Experiencia Humana, que es principalmente Condiciones de Juegos, Infelicidad. Cambias las películas a Poder, Abundancia y Felicidad cuando quieras y haces el trabajo necesario en ti mismo. El Instituto de Ciencia Psicánica y la Escuela de Esencialidad existen para guiarte en ese trabajo.

En las sesiones de apoyo del Libro III, tomarás problemas reales que deseas transformar y serás piloteado para encontrar y descrear tus RINs causales, y luego recrear tu SER en las RIPs que manifiestan naturalmente los resultados deseados en cada Arena. Te "tomamos de la mano" mientras aprendes a hacerlo.

25. Esencialidad

La física se ocupa de la energía trans-física, la materia, el espacio, el tiempo, las fuerzas, los movimientos, el cambio y las resistencias, todo lo cual produce la experiencia y los comportamientos humanos. La Psicánica es la física de la energía y la materia trans-físicas (realidades). La fuerza suprema en Psicánica es tú-psican; tu voluntad que mueve energías, forma realidades y las puede descrear.

Tus energías trans-físicas, como hemos visto, son aquellas que están más allá del universo físico. Incluyen tus emociones, tus pensamientos, tus identidades, tus motivaciones e impulsos de comportamiento, valores, energías de relación, gustos y aversiones, amor, y el resultado neto de todo lo anterior según sean positivos o negativos: Felicidad<>Infelicidad. Son energías trans-físicas porque no están en el universo físico; vienen de más allá del universo físico. No puedes medirlas o capturarlas con instrumentos físicos. Tú-psican puedes experimentarlos directamente en tu conciencia. No tienen nada que ver con el Universo Físico. Cuando tu cuerpo muera, tú-psican-conciencia y tus experiencias psicánicas continúan. (Ver informes de NDE experiencias cercanas a la muerte en YouTube).

La Psicánica proviene de la Esencialidad. **Esencialidad es una ciencia de la espiritualidad** y un sistema para realizar (hacer real en tu experiencia) **Quién Eres Realmente: un espíritu inmortal, hijo de Esencia.**

En el centro de todas las religiones hay una leyenda o mito de algún lugar, estado de conciencia o SER más allá de la percepción humana. Sus nombres son legión: Dios, Alá, Tao, Brahma, el Reino de los Cielos, Jardín del Paraíso, Iluminación, Samadhi, Nirvana, Realización, etc. Cuentan las leyendas que es el

Creador de todo incluido el hombre; que somos hijos de ELLO; ELLO es nuestro origen y naturaleza ("hecho a imagen y semejanza"). Las leyendas afirman que es el valor supremo de la vida, vale cualquier precio. Y las leyendas declaran que podemos, con el debido esfuerzo, redescubrir y volver a ELLO.

Para venir a la Tierra y jugar a ser humano, tú-psican debes bloquear toda la Verdad de la Naturaleza de la Existencia (Esencia) y Quién Eres. Debes crear "avidya", (ignorancia, amnesia, en el budismo y el hinduismo). Debes reducir tu SPVAB a niveles negativos (anti-Esencia) para jugar, mantener las Condiciones de Juego para explorar Drama y Infelicidad. ¡Lo has hecho perfectamente! No experimentas Quién Eres Realmente en este momento; y tienes mucho Drama y Infelicidad en tu vida. Estás atrapado en avidya y en tu ilusión-creación de ser solo un ser humano. ¡Felicidades! Ese era tu plan y lo has ejecutado a la perfección. ¿Cuánto más de la experiencia humana, de Drama, quieres?

Eres un SER libre; Esencia no tiene leyes, ni mandamientos, ni requisitos. ABSOLUTAMENTE NINGUNO. Eres libre de quedarte aquí en la Ilusión Humana y explorar el lado negativo (doloroso) del SER y de la Creación todo el tiempo que desees. Ya has pasado por cientos de encarnaciones humanas. Tarde o temprano, tu espíritu se cansará del Drama Humano y querrá volver al Amor. Experimentarás esto como la Noche Oscura del Alma Vieja, y significa que es hora de comenzar a trabajar en ti mismo para Despertar a Quién Eres Realmente y terminar tu ciclo de encarnaciones en Samsara (Hinduismo, ver glosario). No es una "salvación" o una "redención"; no hay nada malo en ti y nada de lo que salvarte. Essence siempre sabe exactamente dónde estás y te llevará a casa cuando te comprometas a viajar. La Espiritualidad Verdadera es un Despertar del Sueño Humano --¿Pesadilla?-- En-lighten-ment: la luz de comprender la Verdad de tu existencia. Es un Ir a Casa a Esencia de donde vienes.

Puedo contarte todo esto porque yo, y muchas otras personas en la EDE (Escuela de Esencialidad), hemos despertado. Estamos viviendo todo lo que hablamos. Hablamos y enseñamos desde la experiencia personal, no desde doctrinas y dogmas antiguos y muertos. Hemos descreado gran parte de nuestro Caparazón de identidad humana y vivimos la experiencia de SER espíritus visitando la Tierra y usando un cuerpo para maniobrar aquí. También podemos percibir y sentir Esencia, el Amor Infinito-Alegría, a nuestro alrededor y dentro de nosotros; y podemos comunicarnos con Ella.

Habiendo usado la TTS durante algunos años, estamos libres de todas las emociones humanas negativas, de Drama e Infelicidad. Estamos libres de celos y envidia, de ambición y codicia, del ego negativo de creernos mejores o peores que los demás. (Todos los SHO tienen neg-ego). Estamos libres del pasado, de los resentimientos y de toda la energía-neg de las relaciones; estamos libres de penas, soledades, emo-cargas por errores o fracasos. Estamos libres de recuerdos dolorosos e incidentes traumáticos, de la idea de que alguien nos debe algo. Nuestras relaciones son todas armoniosas. Estamos libres de la Búsqueda Externa, de querer cualquier cosa material como el espejismo de la felicidad. Vivimos en abundancia manifestamos conscientemente lo que necesitamos; y, de hecho, rara vez tenemos que hacer esto: Esencia nos envía lo que necesitamos a menudo antes de que nos demos cuenta de que lo necesitamos. Trabajamos todos los días para expandir nuestro estado espiritual y lograr un contacto cada vez mayor con Esencia.

No hay nada especial en nosotros o en lo que logramos: enlightenment y la libertad del mundo. Todos somos seres iguales. Todos venimos del mismo lugar (Esencia) con los mismos poderes. Lo que hemos hecho, lo puede hacer cualquiera que esté dispuesto a hacer el esfuerzo. Nuestra misión en la vida es ayudar a aquellos que buscan el Enlightenment. Con ese fin, hemos creado un sistema de estudio y procesos que producen el enlightenment en sólo 5 años con unas 2 horas de disciplinas al día.

Quién Eres y la naturaleza esencial de la Creación es una y la misma. La Realidad fundamental es un SER Infinito que es lo único que realmente existe. Este Ser Único manifiesta la Creación a partir de su propia Esencia que tiene las 13 Características Primordiales de Uno/Unidad, Infinidad, Luz, Conciencia, Sabiduría, Voluntad (Poder), Perfección, Belleza, Magnificencia, Amor, Paz, Alegría y Verdad. Tú-psican son una individualización ilusoria de la Esencia Única. Te individualizas desde la Esencia para jugar en la Creación. En este momento, estás jugando el Juego Humano, protagonizando tu Película Humana.

La Aventura Humana requiere que vayas lejos de Esencia, lejos del Amor y la Alegría, hacia la Oscuridad y el Drama. Para jugar el Juego Humano, no debes saber Quién Eres Realmente, para cuyo propósito creaste *Avidya*, la palabra usada en Budismo e hinduismo para ignorancia espiritual.

Eventualmente te cansarás de estar tan lejos del Amor y anhelarás recuperar tu naturaleza original Sabiduría, Poder, Amor y Alegría. La Esencialidad es un sistema para hacerlo. En Esencialidad, no solo descreas algunas experiencias negativas; debes limpiar completamente tu SER de TODA energía negativa. Esto toma los 5 años antes mencionados. Al final del trabajo sobre tu Ser, trascenderás la ilusión de ser solo un ser humano, recuperarás tu experiencia de ti mismo como un espíritu inmortal y podrás percibir y comunicarte con Esencia. Este nivel de conciencia se conoce en el budismo y el hinduismo como "Enlightenment".

La Escuela de Esencialidad EDE

La EDE (Escuela de Esencialidad) es exactamente eso: una escuela de misticismo para el enlightenment espiritual y luego la iluminación, el quinto y más alto de los cinco niveles de conciencia, el nivel de Buda y Jesús. El misticismo es la exploración y experiencia de niveles de energía y SER más allá de la percepción humana normal, en particular del SER Supremo. Los libros de Esencialidad en www.Essentiality.org explican qué es la verdadera espiritualidad y qué es realmente la existencia humana.

Fin del Libro

Gracias por leer este libro.

Confiamos en que haya sido una revelación. Esperamos ver que te unas a esos pocos seres humanos que quieren despertar de la ilusión humana y del Drama, y recuperar su Poder Creador sobre sus vidas.

Estamos aquí para apoyarte.

Consulta www.Psycanica.com para saber cómo continuar tus estudios.
Consulta www.THEO.org.mx para mayor información sobre la escuela
Consulta www.cienciadeesencia.com para obtener información sobre Esencialidad y el enlightenment espiritual.

The Enlightenment Organization incluye al: Instituto de Ciencia Psicánica

Páginas Web, CONTACTOS, y DONACIONES

www.THEO.org.mx

www.Psicanica.com

Sitio del Autor

www.MycalPowell.org

¡Gracias por leer este libro!

Si disfrutaste este libro o lo encontraste útil, Gracias por postear una corta reseña en Amazon.

Tu reseña motivara a otros a través de su espiritualidad y enlightenment, y así apoyar la Transformación de Conciencia del planeta.

¡Gracias de nuevo por tu apoyo!

Registrate gratis para obtener información y un boletín por email en www.THEO.org.mx

Made in the USA
Monee, IL
05 January 2023

24566174R00134